D1673622

Juden und Deutsche

Anton Kuh

Juden und Deutsche

Herausgegeben und mit einer Einleitung von Andreas B. Kilcher

Löcker

Gedruckt mit freundlicher Unterstützung durch das
Bundesministerium für Bildung, Wissenschaft und Kultur,
BMBWK, Staatssekretariat für Kunst und Medien, und
durch die Kulturabteilung der Stadt Wien.

© 2003 Erhard Löcker Ges.m.b.H Wien für diese Ausgabe
Originalcopyright: Thomas Sessler Verlag für Erbgemein-
schaft nach Anton Kuh Dr. Bernard Delafresnaye
Umschlaggestaltung: graphic-design.at
Herstellung: Novographic, Wien
Printed in Austria
ISBN 3-85409-369-1

Inhalt

Anton Kuh und sein Essay „Juden und Deutsche"

Andreas B. Kilcher

Wem beim Namen Anton Kuh die Frage sich stellen sollte: „Wer ist das? Was hat er Unsterbliches getan?", der kann jetzt schon das *Vorwort zur nächsten Auflage (a.d. Jahr 2030)* zu seiner mit *Physiognomik* überschriebenen, 1931 erstmals erschienenen Sammlung von „Aussprüchen" konsultieren. Auf eben diese Frage: „Wer ist das? Was hat er Unsterbliches getan?" gibt jenes Vorwort unter anderem folgende Auskunft: „Er war ein Chauvinist der Wirklichkeit", und, entscheidend für seine Arbeitsweise: „Wir wissen heute auch, warum er für sein Buch gerade den Titel ‚Physiognomik' wählte. Bildete er doch, indem er seine Aussprüche in einer Art Notwehr aus den Gesichtern seiner Zeitgenossen riß, die Physiognomie jener Zeit nach. Ja, er wird wohl, wie wir annehmen dürfen und mehr als man seinem oft leichtfertigen Witz zutrauen möchte, an deren Anblick gelitten haben."[1] Im Bewußtsein, daß es sich hierbei um eine auch satirische Selbstbeschreibung handelt, die in Anführungszeichen zu setzen wäre, sind hier ernstzunehmende Anhaltspunkte zu einer Charakterisierung Anton Kuhs gegeben. Dies gilt insbesondere für die Bezeichnung seiner Arbeit als einer physiognomischen und, so müßte man präzisierend hinzufügen, einer pathognomischen Analyse seiner Wirklichkeit und seiner „Zeit", gleichsam als ihre kritische Diagnose im „cylindrischen Spiegel" der Satire.[2]

Einer solchen physiognomisch-pathognomischen Analyse unterzog Kuh insbesondere das moderne Judentum. Noch keine dreißig Jahre alt, trat er in den Literaturcafés und Salons von Prag, Berlin und Wien mit entsprechenden Vorträgen, oder besser gesagt: Stegreifreden auf, für die der „Sprechsteller" Anton Kuh, wie ihn Kurt Tucholsky in seiner begeisterten Rezension der *Physiognomik* bezeichnete,[3] berühmt werden sollte. Ende 1920 schrieb er seine Reden zum Judentum aus dem Gedächtnis nieder und publizierte sie unter dem Titel *Juden und Deutsche*. Es war dies Kuhs erstes Buch, voller Provokation gegen Juden wie gegen Deutsche, wie schon seine Vorträge von seinen Zeitgenossen viel beachtet und kontrovers diskutiert. Im fernen amerikanischen Exil jedoch, spätestens aber nach Kuhs Tod im Januar 1941, wurde jenes Buch – zusammen mit den europäischen Debatten, die es so kontrovers aufgriff und weiterführte – fast völlig vergessen.

Seit aber in den letzten Jahren nicht nur eine große Zahl der verstreut publizierten Feuilletons und Essays von Kuh wieder aufgelegt wurden,[4] sondern auch die eminente Bedeutung der jüdischen Moderne in Deutschland und Österreich erkannt und zum Gegenstand zahlreicher Arbeiten gemacht wurde, ist auch der Boden für eine Neuauflage von Anton Kuhs längstem und wohl wichtigstem, in seinem intellektuellen und kritischen Gehalt gewiß aber anspruchsvollstem Text gegeben: eben seinem Essay *Juden und Deutsche*. Die Neuauflage dieses Essays drängt sich jedoch nicht nur wegen seiner großen historischen Bedeutung auf, sondern auch deshalb, weil das 1921 im Erich Reiss Verlag in Berlin erschienene Buch in Bibliotheken nur schwer aufzufinden ist und auch in Antiquariaten sehr selten auftritt. Dieser Umstand, vor allem aber der anspruchsvolle Gehalt und die von dem Essay ausgelöste Debatte machen es zudem unumgänglich, der Textedition eine ausführliche Einleitung voranzustellen, die den Essay in den Horizont einerseits der intellektuellen Biographie von Anton Kuh und andererseits des vielstimmigen Diskurses der jüdischen Moderne stellt. Deshalb ist es schließlich auch gegeben, im Anschluß an die Edition des Textes die durch ihn ausgelöste Debatte mit ihren wichtigsten (und heute zum Teil ebenfalls nur schwer zugänglichen) Beiträgen – u.a. von Max Brod, Robert Weltsch, Felix Weltsch und Johannes Urzidil – zu dokumentieren.

Stationen einer intellektuellen Biographie

Bevor Kuhs physiognomisch-pathognomische Analyse des modernen Judentums näher vorgestellt werden kann, muß nochmals auf die Frage „Wer ist das? Was hat er Unsterbliches getan?" zurückgekommen werden. Denn allzu unbekannt ist heute sein Name. Keine Literaturgeschichte, kaum ein Lexikon gibt über ihn Auskunft.[5] Wenn in jüngster Zeit überhaupt auf Anton Kuh und seinen Essay *Juden und Deutsche* eingegangen wurde, dann fast ausschließlich innerhalb der Kafka-Forschung, verfolgte doch auch Kafka die Prager Auftritte von Kuh und lernte ihn dabei auch persönlich kennen.[6] Ein biographisches Profil muß deshalb der Kommentierung von *Juden und Deutsche* vorausgeschickt werden.[7]

Anton Kuh wurde am 12. Juli 1890 in Wien geboren. Er entstammte einer alteingesessenen, deutschsprachigen jüdischen Familie Prags. Sein Großvater David Kuh hat sich, so Anton Kuh, „im Geist doch nicht in der Gesinnung seines Enkels als Zeitungsmann und Politiker betätigt" – er war der Gründer des *Tagesboten aus Böhmen*. Der „Geist", das zielt auf den „Zeitungsmann", die „Gesinnung" rekurriert auf den umstrittenen „Pionier des Deutschtums" in Böhmen.[8] Wenn Kuh gegen jede Form des Nationalismus polemisierte, dann galt dies insbesondere auch dem deutschen Patriotismus der assimilierten Juden. Bei seinem ersten Besuch in „der Stadt meiner Väter" führte man den neunzehnjährigen Kuh an das Grab des Großvaters. Der Enkel jedoch „entlief den Pionieren des Deutschtums in ein tschechisches Beisl".[9] Auch sein Vater Emil Kuh, nicht zu verwechseln mit dem Hebbel-Biographen, wurde „Zeitungsmann", und zwar in Wien, zunächst als Mitarbeiter, später als Chefredakteur des *Neuen Wiener Tagblatt*.

Anton Kuhs Arbeit als Journalist, zwischen Wien und Prag pendelnd, begann in Prag. Das *Prager Tagblatt*, für das er zwischen 1912 und 1937 hunderte von Beiträgen verfaßte, war seine erste und kontinuierlichste Adresse. Max Brods Roman *Prager Tagblatt* gibt einen Eindruck davon, wie gegenwärtig Kuh in der dortigen Redaktion war, auch mit gerne zitierten „Streichen" und „Bonmots".[10] An Prag, dieser „meteorologischen Versuchsstation für deutsche Kunst und Literatur",[11] interessierte Kuh, mit Blick u.a. auf Franz Werfel, Max Brod, Ernst Weiß, Albert Ehrenstein, Franz Kafka und Egon Erwin Kisch, mit dessen Familie die Kuhs weitläufig verwandt waren,[12] in erster Linie das literarische Leben. Mit dieser „Ajaccio-Mischpoche", die mit dem „Klassenprimus-Eifer der Provinz" „in der deutschen Literatur den Ton angibt",[13] verkehrte Kuh im Café „Arco" und im „Continental". In Wien wiederum sah man ihn im

Otto Gross

Gefolge von Peter Altenberg, laut Kuh des „ersten und eigentlichsten Kaffeehausdichters", vor allem im „Café Central", das zum Refugium des „abtrünnigen Journalismus" und des „Empörungswillens junger Theater- und Musikrezensenten" wurde, was nicht nur auf Karl Kraus anspielt, dessen Kreis ebenfalls im „Central" verkehrte, sondern auch eine Selbstcharakterisierung sein sollte.[14] Im übrigen tagte in demselben Café auch das sogenannte „Mokka-Symposium", an dem u.a. Franz Blei, Robert Musil und Alfred Polgar teilnahmen.[15]

Nach 1918 wechselten die jüngeren Autoren in das neu-eröffnete „moderne" „Café Herrenhof". „Bruder – das war doch etwas anderes! Ein breites, helles, prächtiges, unpersönliches, bourgeoises Familiencafé. Emanzipation von suffisantem Bohemegeruch. [...] Der Patron war nicht mehr Weininger, sondern Dr. Freud; Altenberg wich Kierkegaard; statt Zeitungen nistete die Zeitschrift, statt der Psychologie die Psychoanalyse und statt des Espritlüftchens von Wien wehte der Sturm von Prag."[16] Zur literarischen Avantgarde des „Herrenhof" gehörten unter anderem Franz Blei, Hermann Broch, Alfred Polgar, Joseph Roth, Paul Kornfeld, Otto und Gina Kaus und Franz Werfel, der in seinem Roman *Barbara oder die Frömmigkeit* (1929) ein Porträt dieser revolutionär gesinnten Gruppe zeichnete.[17] Hermann Kesten beschrieb in *Dichter im Café* insbesondere auch Anton Kuhs Auftreten: „Er war einer der nervösesten Menschen, unruhiger als Quecksilber, mit einem Dutzend Manien und von Bosheit funkelnd."[18] Im „Herrenhof" war es auch, wo Kuh im Freundeskreis um den „genialen Otto Gross" verkehrte, jenen „Champion der literarischen Bestohlenheit, Psychoanalytiker auf Barrikadenhöhe (Lebensweg: Sohn eines Kriminalwissenschaftlers, Dozent,

Anarchist, Schiffsarzt, Ehe, Entmündigung, Giftmordverdacht, Irrenhaus, Schriftsteller, Heilanstalt, Tod)",[19] dessen anarchistisch-antipatriarchalische Psychoanalyse, wie noch zu zeigen ist, Kuh in seiner Physiognomik und Pathognomik des modernen Judentums entscheidend geprägt hatte. Zum engeren Kreis um den Psychoanalytiker Otto Gross zählten auch Kuhs Schwestern Grete, Nina und vor allem Marianne, auch Mizzi genannt. Letztere war mit Gross von 1915 bis zu seinem Tod im Februar 1920 liiert und gebar 1916 eine Tochter von ihm, Sophie Templer-Kuh, heute Ehrenpräsidentin der Otto Gross-Gesellschaft.[20]

Werfel, Brod, Gross und sein Schwager *in spe* Anton Kuh planten in dieser Zeit die Gründung einer tendenziell revolutionären Zeitschrift mit dem Programm eines radikalisierten Expressionismus, die *Blätter zur Bekämpfung des Machtwillens*, bei der auch Franz Kafka mitarbeiten sollte – und wollte.[21] Wegen Differenzen zwischen Gross und Werfel kam das Vorhaben jedoch nicht zustande. Kuh fand eine Alternative in Benno Karpeles' pazifistischer und demokratisch-republikanischer Wochenschrift *Der Friede*, für die er 1918 und 1919, wie unter anderen auch Musil, Roth, Ehrenstein und Polgar, Beiträge verfaßte. Neben weiteren journalistischen Arbeiten, neuerdings auch für Imre Békessys umstrittene Blätter *Die Stunde* (1923-1926) und *Die Bühne* (1924-1926), erschien Anfang der zwanziger Jahre Kuhs erste Kollektion von Feuilletons und Aphorismen *Von Goethe abwärts – Essays in Aussprüchen* (1922), die 1931 zum großen Teil im eingangs genannten Band *Physiognomik* wieder aufgenommen wurden. Zugleich erschien 1931 Kuhs wohl bekanntestes Buch, *Der unsterbliche Österreicher*, eine Anthologie von Anekdoten, Feuilletons, Essays und Geschichten der zwanziger Jahre zum

Karikatur Anton Kuh

„Problem Österreich". Kuh leitete sie mit folgender selbst-ironischer Wendung ein: „Angelockt vom Beispiel ruhmbe-deckter Autoren, die mit kühnem Satz aus dem Jour-nalismus in die Literatur sprangen, indem sie ihre langwei-ligen Feuilletons als kurzweilige Bücher herausgaben, beschloß der Verfasser dieser Aufsätze, das Publikum glau-ben zu machen, sie seien von jeher eine geistige Einheit gewesen und nur durch das auseinanderflatternde Zeitungs-papier aus ihrem Zusammenhang gerissen worden."[22]

Doch ausgerechnet *Der unsterbliche Österreicher* war schon nicht mehr in Wien, sondern in Berlin entstanden. Was ihn in der Einleitung zur Rechtfertigung dieses Umstandes von der „Widrigkeit österreichischer Verhältnisse" sprechen ließ, war nicht nur die wirtschaftliche und politische Lage nach dem Ende der alten Donaumonarchie, sondern ist auch aus dem Streit zu erklären, den er Mitte der zwanziger Jahre mit Karl Kraus hatte. Anlaß war Kuhs Rede, die er am 25. Oktober 1925 im Wiener Konzertsaal gehalten und noch im selben Jahr unter dem Titel *Der Affe Zarathustras* (Karl Kraus), als steganographisches Protokoll, veröffentlicht hatte. Im Hintergrund standen Kraus' in gewohnter Weise heftige Angriffe gegen die erwiesenermaßen unlauteren und betrügerischen Methoden des Medienmoguls Imre Békessy. Kuhs Rede war allerdings nur indirekt eine Verteidigung von Békessy, gegen dessen Methoden er, als Mitarbeiter seiner Blätter, auch blind war.[23] Es handelte sich vielmehr um eine allerdings polemische Demontage des Phänomens Kraus und seiner *Fackel* als dem Inbegriff des „Intelligenz-plebejertums". Kraus hat sich daraufhin in der *Fackel*, nur ohne Nennung des Namens, gegen den „Spitzbuben" Kuh gewandt, um so schärfer aber auch dadurch, daß er ihn mit einem zivilrechtlichen Prozeß verfolgte.[24]

Ende 1925 verlegte Kuh seinen Standort nach Berlin, wo er für den *Querschnitt* (1924-1933), für Stefan Grossmanns *Tagebuch* (1925-1926) und nach Siegfried Jacobsohns Tod auch für die *Weltbühne* (1928-1932) schrieb. Zugleich machte er sich in Berlin vor allem als „Sprechsteller" einen Namen: in sonntäglichen Matinées hielt er auf den Theaterbühnen von Max Reinhardt und Victor Barnowsky seine Reden, „ganz aus dem Stegreif, funkelnd von boshaften Bonmots, und die besten Köpfe Berlins füllten beifallsrasend das Haus".[25] Max Reinhardt zeichnete in einem berühmten Brief von 1942 an Rudolf Kommer im Nachhinein das Bild jener Berliner Szene und rechnete „zu der unvergeßlich bunten, zum Teil leider schon verblichenen Menschenlandschaft, die der Sonnenuntergang der europäischen Kultur gerade noch bestrahlte", auch „Anton Kuh".[26] Kuh wiederum schrieb im Mai 1930 zu einem Jubiläum eine sympathiebezeugende laudatio auf Reinhardt und seine Bühnen, „wo man endlich hemmungslos spielen konnte".[27] Kuhs kritische Feuilletons und Glossen zum politischen und kulturellen Leben zwischen Berlin, Prag und Wien erschienen aufgrund neuer Kontakte im folgenden auch in den bürgerlichen Unterhaltungszeitschriften *Die Clique* (1930) und *Das Leben* (1931-1933) und in der Literatur- und Kunstzeitschrift *Die neue Revue* (1930-1931).

1933, im Jahr von Hitlers Machtantritt, kehrte Kuh nach Wien zurück. Von hier aus schrieb er Beiträge für renommierte deutschsprachige Exilzeitschriften, etwa für Hermann Budzislawskis *Neue Weltbühne* und für das Pariser *Tagblatt*. Nunmehr unter deutschen Emigranten analysiert er mit eindringlicher Kritik die Mechanismen des zum Faschismus radikalisierten Nationalismus und seine

Begleitphänomene wie den Antisemitismus und, wie Karl Kraus und später Victor Klemperer, die Zerstörung der deutschen Kultursprache durch ihre Vergewaltigung und Verdummung in der Sprache der „Hakenkreuzler". „Hitlers Prosodie ist ein Pulverfaß", so Kuh 1936 in einem Beitrag in der *Neuen Weltbühne* über Hitlers bellende Reden, „seine Vergehen gegen die deutsche Sprache zünden den Erdball an".[28] Der Antifaschismus wird zu Kuhs zentralem Programm, an entsprechenden Veranstaltungen partizipierte er vor allem in Prag, dem ersten Emigrationsziel für die Verfolgten des Nazi-Deutschland nach 1933.[29] In den Jahren bis 1938 warnte Kuh immer eindringlicher vor der Gefahr des österreichischen Anschlusses, den er mit aller schreiberischen Kraft aufzuhalten versuchte, schließlich auch mit einer halb-politischen Aktion, vermittelt über Alma Mahler-Werfel, die allerdings scheiterte.[30] Im letzten Moment floh Kuh 1938 „aus der Mausefalle" nach Prag, von dort schließlich nach New York, wo ihm der German Jewish Club Kontakte zu Rundfunk und Presse vermittelte – er schrieb im folgenden vor allem für den *Aufbau*. Am 26. November 1938 wurde seine Radiorede *Geschichte und Gedächtnis* ausgestrahlt – es war dies eine „schrille und unangenehm konkrete" Aufforderung an die Emigranten, im „Wettlauf zwischen dem Grauen und dem Gedächtnis" dem Vergessen keine Chance zu lassen: „Wenn ich […], als Emigrant zu Emigranten und als Emigrant zu Amerikanern, eine politisch und menschlich wichtige Aufforderung an Sie richten darf, so ist es die: Tun Sie sich selber weh, behalten Sie Ihr Gedächtnis frisch! Das Gedächtnis ist das Archiv, aus dem eines Tages die weltgeschichtlichen Rechnungen präsentiert werden."[31] Am 28. Januar 1941 starb Anton Kuh infolge eines Herzinfarktes, gerade mal fünfzigjährig. In seinem Nachruf auf Kuh appellierte nunmehr Franz Werfel daran, jenen „vielleicht letzten Kaffeehaus-Literaten", mit dem ihn „ein mehr als dreißigjähriges Gespräch" verband, im Gedächtnis zu behalten.[32] Allzu leicht nämlich könne vergessen werden, was den „dünnen Mann mit dem ewigen Monokel, der sich immer nervös mit der Hand ins Gesicht schlug,"[33] in Wien, Prag, Berlin und schließlich in New York neben den über 1000 Zeitungsbeiträgen berühmt gemacht hatte: seine Stegreifreden.

Die (expressionistische) Ausgangslage von Kuhs
Juden und Deutsche

Für diejenigen Reden, mit denen der junge Anton Kuh zwischen 1918 und 1920 vor allem in den Prager und Berliner Literaturzirkeln eine kritische Diskussion über die Juden in der Moderne in Gang gebracht hatte, war die Gefahr des Vergessens zumindest durch den Druck abgewendet. Die zahlreichen zeitgenössischen Berichte über die Vorträge und die Rezensionen des aus ihnen hervorgegangenen Buches, auf die noch eingegangen wird, machen auf eindrückliche Weise die Bedeutung von Kuhs Auseinandersetzung mit dem Judentum deutlich. Worum ging es Kuh in diesem Essay?

Die Ausgangslage von Kuhs Physiognomik und Pathognomik des modernen Judentums läßt sich paradigmatisch an den Zitaten von Nietzsche und Börne erkennen, die er dem Essay voranstellte. Schon diese Position macht deutlich, daß Kuh in Nietzsche und Börne zwei Prototypen seiner Kritik sah. Kuhs Nietzsche ist genauer der Kulturkritiker der *Unzeitgemäßen Betrachtungen*. Nietzsches Kritik am „Bildungsphilister" erscheint bei Kuh als Polemik gegen den „Intelligenzplebejer", Inbegriff eines borniert-bürgerlichen, deutsch-nationalen und konservativen Kulturverständnisses. Als scharfer Kritiker der Deutschen erscheint Nietzsche auch in *Juden und Deutsche*: Kuh zitiert Nietzsches Vorwurf an die Deutschen, „alle Malheurs der Kultur auf dem Gewissen" zu haben und feiert ihn als den „Kraus unter den Deutschen", sprich: als ihren schärfsten Selbstkritiker.[34] An Nietzsche hebt Kuh noch ein zweites Moment hervor: nicht nur den „Antideutschen", sondern auch den Interpreten der Juden als potentielle „Befreier der Welt": „In diesem Sinne waren sie [=die Juden] auch die Lieblinge Nietzsches. Der große, ebenso unverstandene wie seiner Weisheit letztem Schluß noch ferne Antideutsche, dessen Herren- und Machtbegriff keineswegs, wie beflissene Prestigewächter des deutschen Hauses glauben machen wollen, Potsdamerei bedeutet und etwa eine Lobpreisung der in Gladiatorentum umgesetzten Unfreiheit (siehe Militarismus!), sondern die Verherrlichung aller aus und über sich gewonnenen Macht der Freiheit, ahnte aus ihrem Geist und ihrer Art hoffnungsbelebt ihre Sendung."[35] Wenn Kuh in seinem Essay, neben der polemischen Kritik aller möglichen Formen jüdischer Identität in der Moderne, einen eigenen Standpunkt einnimmt, dann besteht er genau in dieser „Sendung der Juden". Wenn es nämlich einen „Sinn ihrer europäischen Verfolgung", des zweitausendjährigen Exils, gibt, mehr noch: wenn man sogar von der „Auserwähltheit der Juden" sprechen kann, dann besteht er darin, Europa und „die Welt" von all dem zu befreien, was nationale, gesellschaftliche und kulturelle Gewalt ermöglichte.[36]

Ansätze dieses „Judentums der Befreiung" sah Kuh bei Ludwig Börne. Schon das programmatische Börne-Zitat, das Kuh an den Anfang seiner Schrift stellte, kann dies deutlich machen: „Die Juden sind der Freiheit viel näher als der Deutsche. Sie sind Sklaven, sie werden einmal die Ketten brechen, und dann sind sie frei. Der Deutsche aber ist Bedienter, er könnte frei sein, aber er will es nicht."[37] Was Kuh an Börne schätzte, läßt sich im übrigen auch in der von ihm herausgegebenen Auswahl *Börne der Zeitgenosse* (1922) erkennen: die Kritik des deutschen, patriotischen „Spießers", die Polemik insbesondere gegen den Literatur-Beamten Goethe, den Kuh auch in *Juden und Deutsche*, entgegen der Goetheverehrung mancher assimilierter Juden, gerade nicht als Garant deutscher Integration, sondern vielmehr als „Lord-Protektor" der deutschen „Entsagung" und „Hemmung" sah, die den Juden gefährlich werden konnte.[38] Allerdings wirft Kuh Börne dabei vor, wie er es formulierte, „aus der Dachstube ‚Baruch' in die Zehnzimmerwohnung ‚Börne' übersiedelt" zu haben, sprich: in seinem Kampf gegen die deutsche „Spiesserkultur" den ursprünglichen „nom de guerre" Löw Baruch zugunsten des „nom de peur" Ludwig Börne fallengelassen und damit das, was Kuh gerade im Anschluß an Börne emphatisch als „Sendung des Judentums" proklamierte – nämlich eine kulturelle und politische „Befreiung" – auf der mehr als nur symbolischen Ebene des Namens zurückgenommen zu haben.[39]

Was Kuh als „jüdische Befreiung" gegen die gängigen Modelle jüdischer Identität in der Moderne gestellt hatte, läßt sich – deutlicher noch als im Horizont von Nietzsche und Börne – vor dem Hintergrund von Kuhs Freund und Schwager *in spe* Otto Gross verstehen.[40] Dessen Programm einer anarchistisch-analytischen Kulturkritik, das die Psychoanalyse in eine sozialrevolutionäre Richtung radikalisierte, galt nicht nur der expressionistischen Generation als möglicherweise konsequenteste Umsetzung ihres Programms. Wenn auch Kuh in *Juden und Deutsche* am Ende des expressionistischen Jahrzehnts „die Jahrtausendspsychose der Juden" mit seinem „selbstanklägerischen Judenblick" zu analysieren unternommen hatte,[41] dann tat er dies in erster Linie in den Begriffen von Otto Gross.[42] Im Namen des Freudianischen Unbewußten und von Johann Jakob Bachofens „Mutterrecht" verkündete Gross, etwa in Franz Pfemferts *Die Aktion*,[43] die Bekämpfung und Überwindung der vaterrechtlichen Instanzen der Macht: Staat, Religion, Wissenschaft und, als Ursprung aller Macht überhaupt, Familie und Ehe.

Durch den an der Öffentlichkeit ausgetragenen Konflikt mit seinem Vater wurde Gross zu einer Art Märtyrerfigur der expressionistischen Generation. Die Pathologisierung und Inkriminierung des eigenen Sohnes durch den in der Rolle des Professors für Kriminalistik agierenden autoritären Vater (der sich zudem auf ein Gutachten von C.G. Jung stützte) nahmen Autoren wie Franz Kafka, Max Brod, Franz Werfel, Erich Mühsam, Richard Oehring, Walter Hasenclever, Ludwig Rubiner und eben auch Anton Kuh mit zum Anlaß ihres anti-ödipalen Aufstandes der Söhne gegen die Väter.[44] Kein Zufall auch, daß Gross in zahlreichen Texten der expressionistischen Generation und unter verschiedenen Namen zu einer literarischen Figur avancierte: 1918 erscheint er in Max Brods Roman *Das große Wagnis* als „Dr. Askonas", 1919 in Franz Werfels Romanfragment *Die schwarze Messe* als Dr. Grauh, 1922 in Werfels Drama *Schweiger* als Ottokar Grund, 1929 in Werfels *Barbara oder Die Frömmigkeit* als Dr. Gebhard, 1940 in Johannes R. Bechers *Der Abschied* als Dr. Hoch, um nur einige Beispiele zu nennen. Für diesen nun schon mehrfach angesprochenen expressionistischen Horizont von Kuhs Essay zeugt nicht zuletzt auch seine Publikation im Erich Reiss Verlag, die Kuh möglicherweise dem mit dem Verleger Reiss eng befreundeten Max Reinhardt verdankte.[45] Insbesondere die programmatische Essay-Reihe *Tribüne der Kunst und Zeit* von Kasimir Edschmid steht in guter Nachbarschaft zu Kuhs Aufsatz. Die Reihe begann 1919 mit Edschmids Essay *Über den Expressionismus in der Literatur und die neue Dichtung* und seiner Forderung nach dem „neuen Menschen" „ohne Vorurteile, ohne Hemmung, ohne gezüchtete Moral", nach grenzenloser „Verbrüderung" in „Europa" und der „Welt";[46] und die Reihe endete 1922 mit Alfred Wolfensteins Essay *Jüdisches Wesen und neue Dichtung*, dessen Programm auffallend nahe an demjenigen von Kuhs Essay liegt.

Zu diesem historischen Publikationskontext von Kuhs *Juden und Deutsche* gehört auch, daß die Gestaltung des Bucheinbandes von John Heartfield entworfen wurde,[47] der seine politisch-engagierte und mit werbegraphischen Mitteln arbeitende avantgardistische Kunst – seit der ersten Buchgestaltung einer Werkausgabe seines Vaters Franz Held im Jahr 1912 – auch auf Buchumschlägen entwickelte.[48] Herausragend sind die Buchumschläge für den von seinem Bruder Wieland Herzfelde geleiteten Malik-Verlag (etwa zu Upton Sinclair, Ilja Ehrenburg, Franz Jung und Alfred Polgar). Zudem arbeitete Heartfield auch für weitere Verlage, z.B. für den „Agis Verlag" (dort z.B. zu Johannes R. Becher) und den „Neuen Deutschen Verlag", etwa zu Kurt Tucholsky, der für Heartfields Arbeit das schöne Lob fand: „Wenn ich nicht Peter Panter wäre, möchte ich Buchumschlag im Malik-Verlag sein. Dieser John Heartfield ist wirklich ein kleines Wunder."[49] Zuvor schon, eben im

Jahr 1921, arbeitete Heartfield für den Erich Reiss Verlag: neben Kuhs *Juden und Deutsche* gestaltete er in diesem Jahr auch Alphonse Daudets *Tartarin du Tarascon* und Werner Schendells *Irene*.[50] Daß der erklärte Pazifist und Internationalist des Ersten Weltkrieges Heartfield gerade Kuhs Essay gestaltete, ist leicht nachvollziehbar, dies erst recht, führt man sich etwa die Fotomontage *Nach zehn Jahren: Väter und Söhne* (1924) vor Augen, die den Krieg provokativ als Opferung der Söhne durch die Väter darstellt.[51] Kuh hat sich übrigens 1934 anläßlich der Internationalen Karikaturen-Ausstellung des Kunstvereins Manès in Prag in einem öffentlichen Vortrag mit dem Titel „Unerlaubte Karikaturen" vor John Heartfield gestellt – gegen die Nationalsozialisten, die seine Karikaturen aus dem Programm nehmen wollten.[52]

Nicht nur in dieser vielfach thematisierten Rebellion der Söhne gegen Nationalismus, Krieg und Moral der Väter stimmt Kuh aber in erster Linie mit dem Psychoanalytiker der expressionistischen Generation Otto Gross überein, um wieder auf ihn zurückzukommen. In seinem Essay *Juden und Deutsche* legt Kuh den anarchistisch-analytischen Angriff auf den „tausendköpfigen Autoritätsgeist" des im Winter 1920 in Berlin einsam verstorbenen Gross in einem eigenen Kapitel dar.[53] Kuhs Essay erscheint in manchen Zügen geradezu als Applikation von Gross' Psychoanalyse auf das Judentum. Kuh nämlich verstand das Judentum als Begründer und Hüter eines traditionellen Begriffs der Familie, als Ursprung und Inbegriff patriarchaler Ordnung überhaupt: „Der Vater, Ur-Besitzer, schwingt die Erhaltungsfuchtel. Die Mutter, in ihrem Glück verkrüppelt, hegt die Kinder als Krüppel; die Töchter sind lebendig aufgebahrtes, wie Topfblumen betreutes Verkaufsgut", während

die rebellischen Söhne „Schaum um den Mund, unterlaufenen Auges, an den Fesseln der Erinnerung zerren", meist
jedoch ohne vom Joch des „tausendjährigen Autoritäts-
geistes" loszukommen.[54]

Vor allem von Gross her gedacht verstand Kuh deshalb
insbesondere die jüdische Moderne wesentlich als einen
Vater-Sohn-Konflikt. Gross' Begriffe variierend spricht Kuh
bei seiner Applikation auf das Judentum vom Konflikt zwi-
schen „Rentner" und „Revolutionär": „Der Rentner, das ist
bei ihnen [bei den Juden, A.K.]: der Vater. Der Familienträger. Der Staatsmensch. Genauer gesprochen: der mit der
Ursünde und dem geschlechtlichen Besitzgeist Solidarische.
Der Revolutionär, das ist: der Sohn. Der Familienfeind. Der
Weltmensch. Er will Sühnung der Erbschuld und eine
Zukunft freier Beziehungswahl."[55] Kuhs Judentum der
Freiheit ist ein Judentum des rebellischen Sohnes. Es ist ein
Ausbruch aus dem „engen Familiengelass", ein Ausbruch
aber, der dadurch in Gefahr ist, daß ihn der Ruf der jüdischen Familie immer wieder aufzuhalten sucht: „All dein
Streben ist Stubensprengung, Weite, Errettung aus den
Schleimfäden inzüchtigen Durchschautseins zur Tat hinan,
zur Welt! – da wird jenes Wort laut und sagt: ‚Mitgefangen
– mitgehangen! Du kommst uns nicht aus! Wir holen dich
von den Sternen oben zu unserer Brüderschaft [...]
herab.'"[56] Jüdische Identitätsbildung in der Moderne
besteht nach Kuh in nichts anderem als in mehr oder weniger gescheiterten und verzweifelten Versuchen einer „Überwindung des Papa".[57]

Kritik des Zionismus, Kritik der Assimilation

Wenn nun Kuh bei seiner Physiognomik und Pathognomik des Judentums von einer „Psychose" spricht, dann
meint er die spezifischen Schwierigkeiten und Unmöglich-
keiten der Ablösung vom „jüdischen Papa". Er demonstriert
dies in je unterschiedlicher Weise an den dominantesten
Positionen im Diskurs der jüdischen Moderne: am
Zionismus und an der Assimilation. Am wenigsten gelingt
die Überwindung des jüdischen „Ur-Vaters" im Zionismus.
Gemäß Kuhs analytischer Terminologie ist der Zionismus
nichts anderes als die politische Institutionalisierung des
„Verwandtschaftsinstinkts" unter den jüdischen Söhnen.
Die zionistische Losung „Zurück" ist der Ruf der „zionisti-
schen Bruderschaft", ein „Ruf des Familien- nicht des
Weltenbruders".[58] „Wir trachten in die Welt, in die Welt!",
so der rebellische jüdische Sohn Anton Kuh, der mit dem
Begriff des „Weltenbruders" hier unmißverständlich die
zentrale expressionistische Kategorie aufruft, die sich in den
Programmschriften und literarischen Texten von Franz
Werfel und Kasimir Edschmid bis zu Yvan Goll und Kurth
Pinthus findet.[59] „Los von den Vätern und Richtern und
Tempelhütern! Der Zionismus aber trägt ein samtenes
Patriarchenkäppchen. [...] Er bejaht, was verneinenswert,
hält für kostbar, was zerstörungswürdig: Familie, Ehe und
den Gott der Rache. Er akzeptiert kritiklos Kanaan. Darum
sagt seine Werbung auch: Kommt zurück – zurück in die
warme Stube."[60]

Kuhs Polemik gegen den Zionismus geht jedoch über den
Vorwurf der Perpetuierung der patriarchalen jüdischen
Familienordnung hinaus. Sie richtet sich auch gegen die zio-
nistische Deutung der Diaspora als eines „Zweijahrtau-

sendszufalls". Darin nämlich vermutet Kuh die Konstruktion weniger einer jüdischen, als einer im Grunde christlich gedachten „Passionsgeschichte", d.h. die Deutung der Diaspora als eines Leidens, das in der „Verheißung Kanaans" aufgehoben wird, eines Kanaan, welches zudem nach dem Muster der europäischen Nationalstaaten des 19. Jahrhunderts gedacht ist.[61] Gegen den „Imitationsnationalismus" des Zionismus appelliert Kuh daran, die zweitausend Jahre „der europäischen Verbannung" politisch-philosophisch umzusetzen und aus der Geschichte zu lernen: „Sollte die europäische Lehrzeit des Judentums keinen Sinn haben, als daß es dort beginnt, wo die anderen enden? – enden und verenden? Der Leidensvorsprung und die Gasterfahrung, bestimmt, sich in Mißtrauen gegen jede Art von Volksbewußtsein umzuwerten, das vom Besitz statt vom Menschen ausgeht, sie sollten ihm zu nichts anderem nutze sein als einem ‚ismus' nach bewährten Mustern?"[62]

Es wäre ein Irrtum, hinter Kuhs Polemik gegen den Zionismus die Argumentation der Assimilation zu vermuten. Tatsächlich hat Kuh bereits im Mai 1918 in einem mit *Pogrom* überschriebenen Artikel, der zunächst in *Der Friede* und kurz darauf – im Juni desselben Jahres und mit ausdrücklicher Erlaubnis des Autors – auch in der *Selbstwehr*, bekanntlich dem Organ des Prager zionistischen Studentenvereins „Bar Kochba", erschienen war, die problematischen kulturpolitischen Implikationen der Assimilation dekuvriert. In beiden Zeitschriften fand Kuhs Aufsatz großes Gehör: In *Der Friede* antwortete eine Woche später Berthold Viertel, seinerseits unter dem Titel *Pogrom*, indem er jener „einzigen jungen Elementarkraft unseres Journalismus" – Kuh nämlich – in seiner schonungslosen Analyse der „Anpassung" voll und ganz beipflichtete.[63] Den Ab-

28

druck in der *Selbstwehr* wiederum leitete Max Brod mit nicht minder deutlicher Zustimmung ein, und auch hier liegt der Grund auf der Hand: Die zionistischen Leser dieses Blattes hatten in Kuhs Text eine eindringliche und polemische Kritik der Assimilation vor sich, eine Kritik, mit der sie sich leicht identifizieren konnten.

Worin aber bestand Kuhs offensichtlich ebenso überraschende wie plausible These? Er analysierte die „Tragödie", mehr noch: die „Schuld" des Judentums in seiner „Selbstverblendung und Selbstbelügung im Bündnis mit fremden Idealen".[64] Kuhs These über die Assimilation – „die Vordringlichkeit zu den fremden Idealen ist ihre Schuld" – erschien einem zionistischen Leser wie Max Brod als Ausdruck einer „Bejahung des Judentums", und zwar auf eine geradezu „revolutionäre Art", wie es nur der Zionismus leisten konnte.[65] Ebenso plausibel erschien auch Kuhs Interpretation des Antisemitismus als der tragischen Konsequenz aus der „Schuld" der Assimilation. Denn, so beschreibt Kuh jene Konsequenz für die assimilierten Juden, „[...] am Ende schlägt man ihnen noch mit einem Axthieb den gebeugten Nacken durch. Ihres falschen Strebens Lohn ist: der Pogrom."[66] Anpassung erzeugt Abwehr, folgerte auch Berthold Viertel, und forderte insbesondere angesichts des Krieges, gegen jede Selbstverleugnung eine neue jüdische „Selbstbestimmung", allerdings nicht nur „revolutionär" à la Martin Buber, sondern auch „anarchistisch" à la Anton Kuh: „Unter Schmerzen hebt er [=der „jüdische Pazifist"] sich gegen die Ideologie Kriegseuropas ab, strebt seine jüdische Idealität mitten im Chaos zu behaupten. [...] Das geistige Terrain für diese Tat hat heute vielleicht nur ein öffentlicher Jude: Martin Buber, gewonnen. Aber Religiösität als Gehalt, spezifisches Weltgefühl, äußert sich auch in dem durchaus unfrommen, ja anarchistischen Protest Anton Kuhs."[68]

Was Kuh in seinem kurzen, aber vielbeachteten Artikel *Pogrom* formulierte, griff er Anfang 1921 im *Prager Tagblatt*[68] und weitaus ausführlicher noch in *Juden und Deutsche* auf. In einem „150jährigen Rückblick" auf die Geschichte der „deutsch-jüdischen Gemütsallianz" von der Aufklärung bis zum Ersten Weltkrieg unterzog er dort die Assimilation einer schonungslosen Kritik. Was in der Aufklärung unter dem Vorwand von „Humanität" und „Toleranz", im 19. Jahrhundert in der schon weitaus pragmatischeren Gestalt des „Liberalismus", anschließend im Namen der „Sozialdemokratie" als Strategien der Selbstauflösung – und nicht etwa der „Befreiung" – des Judentums erkennbar wurde, mündete 1914, als dem „Finale nicht nur der jüdischen Irrtümer allein, sondern der Weltirrtümer" überhaupt,[69] in einem nahezu bedingungslosen Patriotismus und schließlich in der Kriegsbeteiligung der deutschen Juden. Ob Emanzipation, Liberalismus, Sozialdemokratie oder deutscher Nationalismus, immer läßt sich der „tragische Irrtum" und die „tragische Schuld" der Juden auf den einen Nenner der Assimilation bringen, „sich der fremden, ihnen im letzten Ende feindlichen Sache als der eigenen anzunehmen". Was die selbstvergessenen, deutschtreuen Juden aber nicht sehen wollten, so Kuhs Warnung von 1921, war, daß schon dieser Krieg der Deutschen gegen die Juden gerichtet war: „Hier war die letzte Siegesfolgerung: Entjudung. Ihr Krieg war ein Hakenkreuzzug" – wiederum also die Warnung vor dem Pogrom als der Konsequenz der Assimilation.[70]

Gemäß Kuhs Pathographie der jüdischen „Psychosen" ist dann das ebenso unbequeme wie irritierende Phänomen des

„jüdischen Selbsthasses" nur eine allerdings radikale Über-
bietung der Assimilation. Damit definiert Kuh den
„Selbsthaß" anders als Karl Kraus, der in *Eine Krone für Zion*
(1899) als „jüdischen Antisemitismus" in erster Linie die
Verachtung der Ostjuden durch die Zionisten – paradigmatisch an Herzls *Mauschel* – kritisierte.[71] Die Pathologie des
„jüdischen Selbsthasses", den Kuh hier knapp zwanzig Jahre
nach Weiningers und Kraus' Ansätzen, aber doch zehn Jahre
vor Theodor Lessings Studie ausführlich zur Diskussion
stellte,[72] ist allerdings komplexer als im Fall der
Assimilation. Denn diese „jüdischen Söhne" lehnen sich
zwar gegen das Judentum ihrer Väter auf, jedoch ohne sich
davon befreien zu können. Hypersensibel für alles
„Jüdische" spürt der „jüdische Antisemit" das „latente
Jüdeln im Weltraum" auf, mit dem Zweck, selbst „aus der
Haut des Judentums in eine unbekannte, noblere zu fahren".[73] Gerade diese Form der „Befreiung" muß scheitern.
Denn in seiner paranoiden Fixierung auf alles Jüdische
widerspricht sich der „Vater- und Familienhaß" der „jüdischen Selbstflucht", außer er endet wie bei Otto Weininger,
so erlaubt es Kuhs Polemik zu sagen, im tatsächlichen
Selbstmord. In einer bemerkenswerten Passage sieht Kuh in
Franz Kafkas „Käfer" der *Verwandlung*, Gregor Samsa, ein
wenn auch weniger radikales Beispiel jenes Sohnes, der verzweifelt und ohne Erfolg der jüdischen Familie zu entkom-
men versucht: Diese jüdischen Söhne „sind entsprungen,
nicht frei. Sie können den Geruch des Zwingers nicht verlieren und nicht die wachsame Unruhe des Blicks, die dort
gedieh, wo sich der Mensch, hart gepreßt und warm umschlungen, Ich-besessen und zu Tränen gerührt, am Menschen reibt und am Ende, wie es einer von ihnen genial
beschrieb, in eine Wanze verwandelt".[74]

Was jedoch Kuh in der Terminologie von Gross als den Typus des ewig pubertierenden jüdischen Junggesellen beschrieben hatte, galt nicht so sehr Kafka, den Kuh spätestens seit dem Sommer 1917 persönlich kannte, sondern vielmehr den radikaleren „jüdischen Söhnen" Otto Weininger und Arthur Trebitsch, am meisten aber Karl Kraus. Vor allem an Kraus nämlich diagnostizierte Kuh die „psychotische" Disposition des „jüdischen Antisemitismus".[75] Diese Polemik kulminierte vier Jahre später in Kuhs bereits genannter Anti-Kraus-Rede, *Der Affe Zarathustras.* Auch hier entwirft er an Kraus die Pathographie des österreichisch-jüdischen „Intelligenzplebejers" in den Begriffen von Otto Gross: „Psychoanalytisch gesehen, stellt sich der Intelligenzplebejer – den ich hier in seiner wienerisch-österreichischen und vorwiegend mosaischen Ausgabe definieren will [...], als ein mit unangenehmen Familienkomplexen beschwertes Wesen dar, aus dem Dunst der engen Stube stammend, nicht so sehr voll der edlen Liebe des freien Menschen als voll dieser falschen, verkrüppelten Mitleidsliebe des Menschen, [...] der an das Kreuz der ‚Mischpoche' geschmiedet ist."[76] An Kraus also legt Kuh die Pathognomik des jüdischen Selbsthasses frei: der „Demaskierungstrieb" des „ewig pubertierenden" jüdischen Sohnes Kraus beinhaltet den für den Selbsthaß charakteristischen Kurzschluß zweier einander entgegengesetzter Bestrebungen: die geradezu paranoide Fixierung auf „das eigene jüdische Familientum" steht in einem ebenso unvermeidbaren wie unauflösbaren Konflikt mit dem verzweifelten Anrennen gegen diese jüdische „Familie".[77]

Die „Sendung der Diaspora"

Als Gegenentwurf gegen diese drei „pathologischen" Existenzformen des jüdischen Sohnes – Zionismus, Assimilation, Selbsthaß – läßt sich erst verstehen, was Kuh im Anschluß an Otto Gross vom Judentum als „Befreiung" forderte: eine umfassende Loslösung von all jenen Werten, die die traditionelle jüdische Familie setzte: Ehe, Religion, Staat, und in der Moderne sowohl in der Form des Zionismus als auch in der der Assimilation umsetzte. Nicht Opportunismus aber, wie Kuh dem Zionismus (als Anpassung des Judentums an die bürgerlich-europäische Idee des Nationalstaates) und der Assimilation (als Anpassung an die bürgerlich-europäische Kultur und Gesellschaft) vorwirft, sondern Opposition ist die Aufgabe des Judentums. Die „Sendung der Juden", von der Kuh nicht ohne Pathos spricht, erweist sich als eine im eigentlichen Sinne anarchistische Umdeutung des Judentums, dessen Aufgabe darin bestehe, sich gegen alles zu stellen, „was Kultur, Sitte und Ordnung heißt".[78] „Wir wollen in Offensive treten, um zu uns zu kommen"[79], so die revolutionäre Losung von Kuhs Judentum der Opposition.

Nur scheinbar regressiv ist dieses Judentum, wenn es Kuh geschichtsphilosophisch – ähnlich wie Gross' Wiederherstellung der „freien Liebe" – als Restitution einer ursprünglichen Einheit fordert. Regressiv ist auch nicht der Anklang an die kabbalistischen Denkfiguren des Exils als „Bruch" (*Schebirah*) und der Befreiung als Bestreben, „das zerbrochene wiederzufinden" und die „zerschlagene Einheit [...] wiederzuerlangen" (*Tikkun*). Denn die Überwindung der Differenzen und Unfreiheiten richtet sich, diesmal in einer Nietzscheanischen Figur, gegen jene Instanz, die Macht- und Autoritätsstrukturen wie Familie, Staaten, Kriege, etc. erst ermöglicht: gegen die Moral. Wohin nämlich den Juden „sein Weg auch führe, nur die Schicksalstreue bestätigt ihm das Ziel – jene Treue, die ihn wissen lehrte, daß ein freies Leben mehr wert ist als tausend Heldentode [...]. Und weiß und begreift er dies, dann kann ihm auch nicht mehr zweifelhaft sein, wozu er auserwählt ist: dazu nämlich, die Schuld jenes zerbrochenen ‚Du' zu sühnen und der widerspenstigen Welt die Erkenntnis aufzuzwingen, daß sie den Tod am lebendigen Leib mit allem Zittern und Zagen metaphysischer Wagnis überwindet, wenn sie die Moral in Stücke schlägt."[80]

Was Kuh als „Sendung des Judentums" gegen die beiden dominanten Formen moderner jüdischer Identität stellte, eben gegen Assimilation und Zionismus, kann im Kontext eines Diaspora-Begriffs des Judentums verstanden werden, gemäß dem die Exterritorialität des Exils eine im ästhetischen und politischen Sinne programmatische, wenn nicht gar utopische Funktion erhalten konnte: die jüdische Diaspora nämlich als Paradigma eines modernen Kosmopolitismus und Internationalismus. Kuhs dezidiert jüdischer Ruf „hinaus in die Welt" ist die anarchistische Variante dieses emphatischen Diaspora-Begriffs des Judentums, der zunächst angesichts des Ersten Weltkrieges insbesondere von der expressionistischen Generation, dann erneut angesichts des zunehmenden Nationalismus und des Exils nach 1933 von einer Reihe von jüdischen Intellektuellen formuliert wurde. Die Varianten dieses ästhetisch-politischen Modells der Diaspora bewegen sich im Spannungsfeld zwischen konservativ-humanistischen, etwa bei Stefan Zweig und Joseph Roth, und progressiv-sozialrevolutionären Formen, z.B. bei Albert Ehrenstein, Alfred Wolfenstein oder Lion Feuchtwanger.[81]

Vor allem in diesem zweiten Bereich bewegt sich Anton Kuhs Essay; in seinem Umfeld liegen insbesondere Albert Ehrensteins kurz zuvor und Alfred Wolfensteins kurz danach erschienene Aufsätze. Wie Kuhs Essay können auch sie Alfred Lemms Beobachtung belegen, daß der Expressionismus in seinen internationalistischen Tendenzen eine alternative Ausformulierung insbesondere der jüdischen Moderne sein konnte: „Noch mehr als wie vor fünfundzwanzig Jahren", so Lemm 1918, „von der naturalistischen sind die Juden heute von der expressionistischen Strömung ergriffen."[82] Die Nähe etwa zu Albert Ehrenstein ist schon durch die gegenseitige Wahrnehmung und Bekanntschaft begründet: Der Name Ehrenstein fällt in Kuhs Artikel wiederholt,[83] Ehrenstein wiederum erwähnt Kuh u.a. in seinen Briefen aus dem Schweizer Exil.[84] Entscheidend ist freilich nicht so sehr dieser biographische Horizont, sondern vielmehr die Ähnlichkeit in der Konzeption der Diaspora. Auch Ehrenstein nämlich stellt gegen Assimilation wie Zionismus das jüdische Paradigma der Diaspora, das er in der Exterritorialität der Ahasver-Figur wiederholt zum Programm einer neuen, weltbürgerlichen jüdischen Moderne erhob.[85] Auch er diagnostizierte polemisch das Soziogramm der Assimilation, und auch er tat dies zugleich gegen die mögliche zionistische Alternative, so z.B. schon 1917 im *Zeit-Echo*: „So wurde der Assimilant, der Vollblutaffe mit Monokel und eisernem Kreuz, gezüchtet, das Protzensöhnchen, das früh anhob mit den Worten ‚Gestern hab ich den ganzen Nietzsche geschenkt gekriegt' oder ‚Mein Vater ist Sammler; er hat sechstausend Spazierstöcke' […]. Trotzdem: Exzessiver Zionismus ist für mich nicht der Weg zur Erfüllung. Ein jüdischer Nationalpark, ein Indianerterritorium, eine Reservation, in der statt wilder Bisons gemäßigte Israeliten verwahrt werden [...] – das wäre Flucht, Flucht ins Herbarium. Und neue freiwillige Kasernierung, Uniformierung des Judentums."[86] Den assimilierten deutschen Juden wie den Zionisten hält Ehrenstein deshalb entgegen: „Man jammere nicht allzusehr über die Diaspora!"[87], und fährt – etwa in seiner kritischen Studie *Nationaljudentum* (1927) – fort: „Jedes Vaterland ist ein Ghetto. Zionismus ist Heimweh nach einem größeren Ghetto. [...] Gewiß ist der Ahasverismus, die Heimatlosigkeit, ein bitteres Schicksal dem Einzelnen, aber sie ist ein Grund der verhältnismäßig großen Leistungen vieler Juden [...]. Ich habe Respekt vor Juden – als einer fast unbegrenzten Enzwicklungspotenz: sie haben die größte Möglichkeit zum internationalen, übernationalen Menschen."[88] „Die Lebensform", und mehr noch, so Ehrenstein auch in der Aufsatzsammlung *Menschen und Affen* (1926), „die Kunstform des echten Juden ist Ahasverismus."[89]

Vergleichbar damit ist das literarische Diaspora-Programm, das Alfred Wolfenstein in dem Essay *Jüdisches Wesen und neue Dichtung* (1922) formulierte, wie angesprochen der letzte Band der bei Erich Reiss erschienenen Reihe *Tribüne der Kunst und der Zeit*. Auch Wolfensteins revolutionär gedachte jüdische Diaspora-Literatur widersetzt sich jeder Nationalisierung, sei es in der Form kultureller Assimilation oder in der scheinbar dissimilativen Form des Zionismus. Beide nämlich folgen nach Wolfenstein dem bürgerlichen Wunsch nach sicherem „Boden": „Vom schwächlichen Assimilanten bis zum mutigsten Zionisten wünschen sie sich: Boden."[90] Beiden hält auch er – antibürgerlich – den in der Literatur beheimateten Juden als „Nomaden" der Schrift entgegen, das alte Existential der Diaspora für die Moderne erneuernd. „Vielleicht begann die Diaspora, wie nach der Zerstörung Jerusalems und nach dem Fall des Ghettos, von neuem Jetzt. Sie ist freilich diesmal eine allgemeiner menschliche, eine verbundenere Zerstreuung. Doch ich glaube, der Jude ist zu ihr [...] für immer berufen."[91] Die Gegenwart der Moderne werde deshalb „nur noch entschiedener" die jüdische „spirituelle Sendung zu erkennen geben. [...] Viele wünschen sich neuen Boden. Herrlicher ist die Unabhängigkeit einer neuen jüdischen Gestalt. Der Boden kann verloren gehn, das Geschick kann sich wütend immer wiederholen, weil man es nicht kennt, ewige Zerstreuung, – Jerusalem kann wieder zerstört werden: die schwebende Sendung nicht. Sie fühlt grenzenlos durch Länder hindurch die unverwehrte Welt."[92]

Dieses ästhetisch-politische Profil des Diaspora-Judentums, das vor dem Hintergrund expressionistischer Parameter wie Internationalismus, Weltverbrüderung, Emanzipation von den Vätern und als Affekt gegen den Krieg zwischen 1910 und 1920 entwickelt wurde, konnte auch, so etwa durch Stefan Zweig, konservativ formuliert werden. An Zweigs *Jeremias* beobachtete Anton Kuh 1919 im *Maßstab*, mit polemischem Unterton, die Transformierung der „Judensache" zu einer allerdings unpolitischen ästhetischen „Weltsache": „Er vertritt sie mit absichtlichem Kunst-Kosmopolitismus, als Weltsache, läßt sie jambisch-unbestimmt widerhallen. Dadurch gewinnt er an Vornehmheit und erspart sich das Risiko."[93] Angesichts der zunehmenden Nationalisierung und Ethnisierung des öffentlichen und kulturellen Lebens gegen Ende der zwanziger Jahre hingegen konnte ein engagierterer und progressiverer Diaspora-begriff in Kuhs Sinne an neuer Bedeutung gewinnen. Feuchtwanger etwa appellierte 1930 in dem Aufsatz *Der historische Prozeß der Juden* an eben jene „Sendung" der

Diaspora, von der Kuh gesprochen hatte: „Was früher den Juden von ihren Gegnern als ihre verächtlichste Eigenschaft vorgeworfen wurde, ihr Kosmopolitentum, ihr Nichtverwurzeltsein mit dem Boden, auf dem sie lebten, das erweist sich plötzlich als ungeheurer Vorzug. Daß sie seit Jahrhunderten umgetrieben wurden, daß sie sich immerzu neuen Menschen, neuen Verhältnissen anpassen mußten, macht sie in einer rasch veränderlichen Zeit schnellsten Verkehrs denen überlegen, die sich nur auf ihrer Scholle bewegen können. Es ist mit ihre historische Sendung, an erster Stelle mitzubauen an einer Welt, die sich aus einer Welt der Farmer in eine der Maschinen verwandelt."[93]

Angesichts der Machtergreifung der Nationalsozialisten schließlich wurde das Modell von Kuh noch dringender; ihm sprachen etwa Joseph Roth – so z.B. in seinem Aufsatz *Der Segen des ewigen Juden* (1934)[94] – oder Erich Kahler in seinem Essay *Israel unter den Völkern* (geschrieben 1933, veröffentlicht in Zürich 1936) die politische Mission der Rettung zu. Im europäischen Diaspora-Paradigma des Judentums sah Kahler eine geradezu messianische Aufgabe: „Gewiß, es war ein tiefer Irrtum, wenn die von Gestern glaubten, sie könnten ihr jüdisches Bluterbe in den europäischen Nationalitäten aufgehen lassen wie Rauch. Aber ebenso ist es ein Irrtum, wenn die von Heute glauben, durch das was uns jetzt geschieht sei unser Dasein in Europa widerlegt, sei der Sinn der Diaspora widerlegt. Im Gegenteil! Was uns heute geschieht ist nicht Verneinung, sondern Bestätigung, ist nicht Verwerfung, sondern Berufung. Es ist der Ruf an Israel, zu sein was ihm aufgetragen wurde, sich zu bewähren als das was es ist", nämlich gerade keine Nation, „sondern ein vorbildliches, ideelles Volkstum, das von weit vorher, vor der Nation her kommt und weit über Nation und sinnfällige Volkheit hinausreicht in eine Weisung für die Nationen."[95] „Israel", so Kahler, „erschöpft sich nicht in zählbarer Volkheit, es ist ein Corpus Mysticum. Und das allezeit mahnende Sinnbild hievon bleibt die Galuth. Die Galuth wird bleiben, solange unsere Sendung bleibt, solange Israel es selber bleibt."[96]

Die Debatte um Kuhs *Juden und Deutsche*

Vor dem Hintergrund dieser Auseinandersetzungen zwischen Juden und Deutschen auf der einen und zwischen Assimilation und Zionismus auf der anderen Seite wird plausibel, daß Kuhs anarchistisch-revolutionäre „Sendung des Judentums" ein außerordentlich großes Aufsehen erregte. Sein Diaspora-Begriff des Judentums löste vor allem in der zionistischen Presse Prags und Berlins eine Debatte aus – Robert Weltsch sprach geradezu vom „Fall Anton Kuh" –, deren Spuren sich gut nachweisen lassen: Die wichtigsten Dokumente dieser Debatte finden sich im Anschluß an Kuhs Essay in diesem Band abgedruckt, hier seien sie kurz vorgestellt.

In Prag, seiner Arbeitsstätte seit 1912, war Kuh seit dem Winter 1915/16 als Stegreifredner aufgetreten.[97] Am 7. Mai 1918 warb das *Prager Tagblatt* für eine von ihm selbst veranstaltete „Vortragsreihe", die sogenannte „Vortragsreihe des Prager Tagblatt": „Heute, sieben Uhr abends im Saale des Hotels Central Vortrag des Wiener Schriftstellers Anton Kuh über ‚Der alte Goethe und der junge Schopenhauer'". Wenige Tage darauf erschien im *Prager Tagblatt* eine begeisterte Rezension über die „allerpersönlichste Redekunst von Anton Kuh, dem Sprecher", dem „rhapsodischen Rächer und Zeuge und Täter des Geistes"; der Rezensent war erneut, wie schon bei Kuhs Artikel *Pogrom*, Berthold Viertel.[98] Ende 1919 trat Kuh ein weiteres Mal in Prag auf, diesmal mit einer ganzen Reihe von Vorträgen. Am 25. November stand folgende Ankündigung im *Prager Tagblatt*: „Vortrag Anton Kuh. Wie angekündigt, wird Anton Kuh am kommenden Samstag im Urania-Saal seinen ersten Vortrag halten. Der als Vortragsredner in Prag wiederholt gewürdigte Gast wird zunächst über die ‚sexuelle Revolution' sprechen. Kuh gilt auch in Wien durch seine besondere, geistsprühende und originelle Art des Sprechens als eine einzigartige Erscheinung im Vortragssaal. Dem Vortrag wird allgemeines Interesse entgegengebracht. Vormerkungen in der Urania-Kanzlei, Smetschkagasse 22."[99] Am 19. Dezember folgte eine Rezension, die Kuh, der sich dabei offensichtlich in den Spuren von Otto Gross bewegte, „als Mahnrufer zur Erotik" und „Rebell" „gegen eine sinnfeindliche Kultur-Entartung" würdigte.

Als Höhepunkt seiner Vortragsreihe wurde jedoch die kurz darauf gehaltene Rede zur „Tragik des Judentums" gefeiert. Am 23. Dezember 1919 annoncierte das *Prager Tagblatt* den Vortrag für den 30. Dezember: „Vortrag Anton Kuh, ‚Die Tragik des Judentums'. Kuh ist dem Wunsche, noch einen Vortrag abzuhalten, nachgekommen." Die Resonanz des Vortrags läßt sich wiederum in der Presse ablesen. Am 1. Januar 1920 erschien erneut eine begeisterte Rezension im *Prager Tagblatt*, die Kuhs außerordentlichen Erfolg bei dem „massenhaft erschienenen Publikum" nicht nur belegt, sondern auch erklärt. Im Gegensatz zu früheren Reden, so urteilt der anonyme Rezensent, in denen Kuh weniger mit Inhalten als mit seinem „Spiel mit Worten" und „Schmuck des Witzwortes" überzeugte, seien die Vorträge zur „Tragik des Judentums" von der „reineren Flamme des Bekenntnisses" getragen. Der Rezensent hebt dabei vor allem Kuhs Kritik an den Programmen der Assimilation und des „offiziellen, politischen Zionismus" hervor. Bei aller Skepsis gegen das Jüdische entwerfe Kuh in seinem Vortrag „ein von Liebe und Objektivität gleichermaßen gezeichnetes Bild jüdischen Wesens, das [...] man eine psycho-politische Auffassung des Judentums nennen könnte. Dessen Tragik erblickt er nicht in der geographischen, sondern in der inneren Heimatlosigkeit, die den Juden dazu treibt, sich jedesmal mit Leidenschaft in das Kleid des Sozialdemokraten, des Deutschnationalen, usw. zu werfen."[100] Hier zeichnet sich ein Muster ab, das für den zionistischen Blick auf Kuh charakteristisch ist: Beifall findet seine Kritik der Assimilation, Zustimmung auch sein noch so eigenwilliges „Bekenntnis" zum Judentum. Als Streitpunkt hingegen erweist sich seine offensichtlich unerwartete Zionismuskritik. Sie ließ sich zweifach deuten: entweder als Argumentation innerhalb eines latenten Zionismus, oder aber als Rückfall in eine ebenfalls uneingestandene Assimilation.

Es liegt auf der Hand, daß auch die *Selbstwehr* über Kuhs Vortrag Bericht erstattete: eine ausführliche Rezension erschien am 2. Januar 1920, geschrieben von Kafkas und Brods engem Freund Felix Weltsch, der seit 1919 als Nachfolger von Siegmund Kaznelson leitender Redakteur der *Selbstwehr* war. Weltschs Lob von Kuhs Vortragskunst bezeugt, wie gut Anton Kuh dem Prager Publikum, wahrscheinlich insbesondere den deutschsprachigen jüdischen Intellektuellen, bekannt war: „Wie immer war der Vortrag Kuhs belebend, aufreizend, voll genial-unartiger Formulierungen, rhetorisch und schauspielerisch glänzend. [...] Uns [...] war es ein Vergnügen, daß man [...] gewisse gute

41

Wahrheiten auch von einem Mann zu hören bekam, der gerade in Mode ist, was natürlich weder ein Vorwurf gegen Anton Kuh ist, noch ein Hindernis, anzuerkennen, daß der Vortrag wirklich gut war."[101] Worin diese „guten Wahrheiten" nach Felix Weltsch bestehen, wird daran deutlich, daß er in Kuhs Vortrag geradezu „einen nationaljüdischen Propagandavortrag" sah, „wie er mit solcher Pointiertheit und Schlagkraft wohl nur selten gehalten worden ist." Dabei rekurriert Weltsch insbesondere auf Kuhs Kritik des „jüdischen Antisemitismus" und der Assimilation. „Mit wunderbarer jüdisch-psychologischer Darstellungskunst zeichnete Kuh seine Judentypen, welche in verschiedenster Art, bewußt oder unbewußt, robust oder hysterisch, ihr Judentum verschleierten, vertuschten, verdrängten, überkompensierten." Wenn also Weltsch Kuhs Vortrag als „nationaljüdischen Propagandavortrag" feiert, dann aufgrund dieser Kritik. Dem stand freilich die für den Leser der *Selbstwehr* schwerer nachvollziehbare Tatsache entgegen, daß Kuh die „Heimatlosigkeit" als Ideal gegen den Zionismus aufstellte: „Den Zionismus lehnt Kuh ab, da ihm entsprechend den so gewonnenen Resultaten seiner Dialektik der zuende gedachte Begriff Heimat als etwas wesentlich unjüdisches erscheint und die Heimatlosigkeit der Juden ihm mehr ist als zufälliges Weltschicksal." Wenn Felix Weltsch in Kuhs „Sendung des Judentums" dennoch „eine Art jüdischen Nationalismus" erkennt, dann vor allem in der „kräftigen Betonung der jüdischen Natur". Vom „zionistischen Nationalismus" im engeren Sinne unterscheide sich Kuh aber darin, „daß er im Grunde wieder allzu nah bei jener eben abgelehnten Humanitäts- und Menschheitsidee mündet". Das Profil, das Felix Weltsch von Kuh zeichnet, gleicht damit letztlich demjenigen des anonymen

Rezensenten des *Prager Tagblatt*. Die Assimilationskritik weckt eine zionistische Erwartung, die Kuh mit seiner Zionismuskritik wiederum enttäuscht. Bei allem Verständnis lokalisiert Felix Weltsch Kuhs Position deshalb letztlich in der Assimilation.

Mit dieser Kritik wurde Kuh erneut und verschärft konfrontiert, als er knapp ein halbes Jahr später, Mitte Mai 1920, mit dem Prager Vortrag zur „Tragik des Judentums" auch in Berlin aufgetreten war. Wie ernst Kuh auch hier genommen wurde, dokumentiert die ausführliche Besprechung seines Vortrags durch den Herausgeber der *Jüdischen Rundschau* Robert Weltsch, dem ebenfalls aus Prag stammenden jüngeren Cousin von Felix Weltsch. Doch schon der Titel *Der Fall Anton Kuh* zeigt auch die kritische Distanz: Kuh erschien den Berliner Zionisten insgesamt, weit mehr als den Pragern, als ein Problemfall. Robert Weltschs Urteil läßt sich auf folgenden Nenner bringen: Zwar hat Kuhs Judentum das Profil eines Proto-Zionismus, es ist jedoch auf der Strecke vom „Selbsthaß" zum Zionismus auf halbem Weg stehengeblieben. Entsprechend hebt Robert Weltsch zunächst mit Respekt Kuhs Wendung, wie er es formuliert, vom „jüdischen Antisemiten" zum „begeisterten Juden" angesichts des Krieges hervor: „Die Erlebnisse des Krieges haben ihn den entscheidenden Schritt vorwärts gebracht, so daß er heute von sich behauptet, er sei einer der stolzesten und begeistertsten Juden überhaupt."[102] So ist es auch nicht verwunderlich, daß die *Jüdische Rundschau*, wahrscheinlich auf Veranlassung von Robert Weltsch, noch vor dem Erscheinen von Kuhs Essay einen Vorabdruck des Kapitels über „die Stellung der Juden im Krieg" veröffentlichte, und zwar mit ausdrücklicher Genehmigung des Verfassers. „Es ist wie seine Vorträge", so heißt es in der Einleitung, „brillant, paradox, voll sprühenden Temperamentes."[103] Mit großem Verständnis rekapituliert Weltsch, um wieder auf seine Vortrags-Rezension zurückzukommen, auch Kuhs Kritik des jüdischen Selbsthasses und der Assimilation. Die Polemik gegen den Zionismus hingegen stößt bei Weltsch auf scharfe Gegenkritik. Was nämlich Kuh neben Assimilation und Zionismus als die „andere Aufgabe" des Judentums forderte, nämlich „den europäischen Völkern das Chimärische des Begriffes ‚Heimat' und ‚Scholle' zu beweisen" und dagegen eine „Heimat als ideale Projektion menschlicher Beziehungen" zu setzen, sah Weltsch derselben „Tragik" unterworfen, die Kuh als „Selbstverleugnung" am modernen Judentum kritisierte. Ein selbstbewußtes Judentum, wie es Kuh gegen alle Selbstverleugnungen stellte, sei dagegen nur im Zionismus einlösbar: „Der Zionismus ist keine Flucht vor dem Kampfe, er ist vielmehr der eigentliche, wirkliche Kampf, denn alle anderen geistigen Rettungsversuche sind eine Flucht ins Reich der Abstraktion." Nur in Unkenntnis der „tatsächlichen Verhältnisse des jüdischen Volkes" fälle Kuh „über das Judentum apodiktische Urteile". Deshalb schließt Weltsch seinerseits mit dem strengen Urteil: „Der Weg, den Kuh heute zu weisen versucht, ist ungangbar. Wenn er an dem jüdischen Kampfe aktiv teilnehmen will, so muß er tiefer in die jüdische Wirklichkeit hineinsteigen und muß auf der Entwicklungslinie, die viele vor ihm gegangen sind, nun noch den letzten entscheidenden Schritt tun, der eine Ueberwindung seines heutigen Standpunktes ist."[104]

Diesem Urteil entsprach, wer einen engeren Begriff des politischen Zionismus vertrat. Dies trifft insbesondere für die Rezension von Kuhs Essay in Bubers *Der Jude* zu. Vor dem Horizont eines orthodoxeren Zionismusbegriffs unterstreicht der Rezensent Elias Hurwicz vor allem Kuhs Differenz zum Zionismus. Dafür spricht schon, daß auch er Kuhs Kritik der Assimilation und die Forderung eines jüdischen Selbstbewußtseins zunächst lobend herausstreicht: „Uns berührt es sympathisch, daß Kuh aus seinem negativen Sektionsbefund heraus sich doch nicht, wie es gemeinhin konsequent schiene, zum geistlosen Assimilantismus bekennt (dazu ist er eben zu geistreich); daß er sich, wie es einem Juden geziemt, die geistige Selbständigkeit wahrt.“[105] Gemäß Hurwicz läßt sich Kuhs Assimilationskritik allerdings nicht mit seiner Zionismuskritik vereinbaren. Denn „nach all dem Vorangegangenen“, nämlich der Zionismuskritik, „waren wir doch auf eine richtiggehende Assimilationspredigt gefaßt.“ Was Kuh aber sowohl gegen Assimilation als auch gegen Zionismus stellte, eben seinen anarchistischen Begriff des Judentums, sei ein Produkt des von ihm selbst kritisierten Intellektualismus der Diaspora, wogegen nur der Zionismus – allerdings ein linientreuer – zu leisten beanspruchen könne, was Kuh als „Sendung des Judentums“ forderte: die „Wiederherstellung der zerschlagenen Einheit“: „Der Edelanarchismus, die Liebe zum Fernsten sind denn im tiefsten Sinne individuelle Gefühle, nur Vereinzelten, Vergeistigten eigen. Sie einem Volke zu predigen ist selber eine Ausgeburt des Ueberintellektualismus. Gerade dieser Ueberintellektualismus, der in der Diaspora so üppig wuchert und nicht zuletzt in Kuh selbst einen so hervorragenden Vertreter findet, ist für uns aber mit ein Grund, weswegen uns der Zionismus nicht ein ‚brüderliches Hepp hepp‘, sondern die Rückkehr eines Volkes zur Natur und dadurch die Wiederherstellung der ‚zerschlagenen Einheit‘ des Weltgefühls bedeutet.“[106]

Unter Anton Kuhs zionistischen Lesern äußerten sich Robert Weltsch und Elias Hurwicz am kritischsten, indem sie seinen Begriff des Judentums letztlich klar außerhalb des Zionismus lokalisierten. Weitaus größeres Verständnis brachten ihm diejenigen entgegen, die sich bemühten, in Kuhs Judentum einen verborgenen, unkonventionellen Zionismus zu entdecken. Dies taten, wie gezeigt, in Ansätzen Felix Weltsch, vor allem aber Max Brod. Seine mehrfach öffentlich geäußerte Verteidigung von Kuh basiert auf dem argumentativen Kunstgriff, Kuh als unbewußten, latenten Zionisten zu verstehen. Dies geht bereits aus der Einleitung *Ein Wort über Anton Kuh* hervor, die Max Brod im Juni 1918 dem Abdruck von Kuhs Artikel *Pogrom* in der *Selbstwehr* voranstellte. Wenn sich bei Kuh ein Ansatz von Zionismus nachweisen läßt, dann, so Brods Argumentation, zwischen den Zeilen und folglich als ein hochgradig eigenwilliges Konstrukt, das in Opposition zu allen offiziellen Formen des Zionismus steht. Die offen erkennbare Basis für diesen wie auch immer unkonventionellen und dialektisch verborgenen Begriff des Zionismus sieht auch Brod in Kuhs „rückhaltloser Bekennerschaft zum Judentum":

„Anton Kuhs Bedeutung sehe ich, zum Unterschied von vielen, die in ihm nur den geistreichen Ueber-Hanswurst verhätscheln, in seinem wahrheitsliebenden Ernst, der u.a. auch als rückhaltlose Bekennerschaft zum Judentum durchbricht. – Ganz oberflächlich betrachtet hat diese Bekennerschaft zumindest folgende nicht zu unterschätzende soziale Bedeutung: In Wiener und Prager Literaturklüngeln, in denen es bisher verpönt war, das Wort ‚Jude' auszusprechen [...], in solchen Salons inauguriert Anton Kuh mit der ihm eigenen Ungeniertheit vielstündige Diskussionen über das

Max Brod

Judentum, in deren Verlauf er [...] das Wesen des Judentums als welterlösend bejaht und dem offiziellen Deutschtum allerlei Uebles [...], vor allem aber den assimilierten Deutschjuden das Allerpeinlichste nachsagt. Man höre und staune! – Anton Kuh ist kein Zionist. Besser gesagt: er kennt den Zionismus nicht so genau, daß sein Urteil über die Bewegung wesenhaft sein könnte. Aber Kuh ist (was viel, viel mehr wiegt als gesinnungstüchtiger Durchschnitts-Zionismus) auf seinem allerpersönlichsten eigenen Wege zur Bejahung seines Judentums gelangt, auf seine revolutionäre Art, die alles Lügenhafte, Pappdeckelne, Lebensunechte dort, wo sie es findet, bekämpft. Der Schrei dieses Outsiders möge gehört werden."[107]

Brod selbst ist dieser Aufforderung gefolgt, als er drei Jahre später, unmittelbar nach dem Erscheinen von Kuhs Essay, unter dem Titel *Der Nietzsche-Liberale (Bemerkungen zu dem Buch von Anton Kuh „Juden und Deutsche")* eine ausführliche Rezension zu Kuhs Kritik der jüdischen Moderne verfaßte. Wie wichtig Brod die Auseinandersetzung mit Kuh war, zeigt sich auch daran, daß er seine Rezension gleich dreimal publizierte: zunächst am 23. März 1921 in Berlin in der *Jüdischen Rundschau*, dann kurz darauf, Anfang April, in Prag in der *Selbstwehr*, schließlich erneut in dem von Brod und Felix Weltsch gemeinsam zusammengestellten Band *Zionismus als Weltanschauung* (1925). Auch hier versucht Brod, trotz Kuhs manifester Kritik eine latente und hintergründige Verwandtschaft wenn auch nicht mit dem offiziellen politischen Zionismus, so doch mit einer „Opposition innerhalb des Zionismus" nachzuweisen.[108] Was nämlich Kuh mit dem unorthodoxen, „linken Flügel" des Zionismus teile, sei im Grunde seine gesamte Kultur-

und Gesellschaftskritik: „die Tiraden gegen den jüdischen Intellektualismus, gegen die jüdische Unnaivität", aber auch die von Otto Gross her gedachte „Kritik der jüdischen Ehe", schließlich und vor allem aber den „Hauptvorzug: Die Ablehnung aller jüdischen Ausflüchte, Abstrafung aller Assimilation, mag sie unter bürgerlich-humanistischen oder unter sozialistischen Fahnen desertieren."[109] Bei allem Bestreben einer zionistischen Integration von Kuh übersieht Brod allerdings nicht, daß Kuhs kritische Analyse des modernen Judentums von Nietzsche her gedacht ist – deshalb Brods Charakterisierung von Kuh als dem „jüdischen Nietzsche-Liberalen" par excellence. Doch gerade diesen Liberalismus sieht Brod als Weg, bei Kuh förmlich im dialektischen Modus der Verneinung beschritten, zu einem durch alle Zweifel hindurchgegangenen und an den Bedingungen der Wirklichkeit geläuterten Zionismus. Je mehr nämlich „der Liberalismus die Idee mit einem Wirklichkeitskleid auszustaffieren beginnt, desto mehr muß er sich zwangsläufig dem Zionismus nähern."[110] Entsprechend lautet Brods Fazit über Kuhs Buch: „Interessant wie selten ein Buch. Es ist der äußerste Versuch, alle Erkenntnisse und Grundgefühle mit den Zionisten gemein zu haben, und – dennoch nicht Zionist zu werden."[111] Brods Lektüre von Kuhs Essay mag – in Kuhs Begriffen – als „zionistischer Bruderruf ‚zurück!'" verstanden werden, als Heimholung des in die „Welt" strebenden „jüdischen Sohnes" Anton Kuh. Gegen Brod spricht, daß Kuhs rebellische „Sendung des Judentums", bei aller „Bejahung des Judentums", gerade in der Kritik aller familiären, kulturellen, religiösen und nationalen Institutionalisierungen besteht. Sein durchaus strategisches Mißverständnis ermöglichte es Brod jedoch auch, Kuhs „Sendung des Judentums" nicht einfach, wie es etwa Robert Weltsch und Elias Hurwicz getan haben, mit polarisierenden zionistischen Argumenten als undurchführbar zurückzuweisen, sondern als anarchistischen Entwurf eines „befreiten Judentums" ernst zu nehmen.

Weitaus weniger Aufmerksamkeit als in der zionistischen erhielt Kuh in der assimilatorisch orientierten Presse. Exemplarisch ist die Rezension, die Mitte Oktober 1921 in der *Allgemeinen Zeitung des Judentums* erschienen ist. Der Rezensent Max Dienemann, Reformrabbiner in Offenbach und bekannter Verfechter des liberalen Judentums,[112] konnte Kuhs Essay wenig Verständnis entgegenbringen: „Ein merkwürdiges und seltsames Buch", beginnt die Besprechung, und „was soll das alles bedeuten", fragt er nach der Lektüre von Kuhs Kritik der traditionellen jüdischen Ehe und Familie. „Soll man die freie Liebe einführen, damit das innere Sein der Juden besser wird?"[113] Freilich wird gerade in der Antwort auf diese Frage der Reformrabbiner dem jüdischen Anarchisten Kuh am weitesten entfernt sein. Zustimmung erhielt Kuh bei Dienemann hingegen darin, was er unter der Rubrik „mancherlei gut Beobachtetes" verzeichnete: Kuhs Kritik am Zionismus. Lob erhält Kuhs Polemik gegen die kulturzionistische Idealisierung der Ostjuden:[114] „Gut ist, was über die Ostjuden gesagt ist, wie töricht jene modegewordene Verhimmlung der Ostjuden ist, die in ihnen den Urjuden sehen will." Beifall des Reformrabbiners erhält auch Kuhs Kritik des politischen Zionismus: „Treffend ist ferner die Charakterisierung eines gewissen Zionismus als Imitationsnationalismus und schön die Sehnsucht nach ‚der ganz neuen, auf Erden noch nicht geschauten Heimat'." Daß jedoch Dienemann neben Kuhs Zionismuskritik dessen ebenso scharfe Kritik der Assimilation verschweigt, hat freilich System.

Angesichts seiner Verbindung zum *Prager Tagblatt* liegt es nahe, daß Kuhs Essay auch hier rezensiert wurde. Der Rezensent, kein anderer als Johannes Urzidil, richtete die Aufmerksamkeit erstmals nicht so sehr auf Kuhs Interpretation des Judentums, sondern vielmehr auf die bei Kuh im Titel anvisierte Verhältnisbestimmung von Juden und Deutschen. Unter dem Titel *Juden und Deutsche* rekapitulierte Urzidil Kuhs polemische Herausstellung von Verwandtschaften und „Analogien zwischen Juden und Deutschen": Familiensinn, Selbsthaß, „Überintellektualismus", etc.[115] Indem aber Urzidil dabei den einen und entscheidenden Gegensatz, den Kuh anführte – nämlich die Unfähigkeit der Deutschen, sich zu befreien –, ausblendet, läßt er Kuhs Essay als Manifestation einer Harmonisierung erscheinen, der Kuh gerade die Absage erteilte. Zwar ist es richtig, mit Kuh den Status quo folgendermaßen zu bilanzieren: „Deutschtum wäre somit nichts anderes als Judentum auf einer anderen Ebene." Doch Kuhs Forderung der „Befreiung" im Sinne von Otto Gross bedeutete, daß sich die Juden gerade darin veränderten, wo sie mit den Deutschen bislang übereinstimmten und in „Offensive" gegen die bürgerlichen Institutionen der Ehe und des Staates treten, mehr noch: diese Haltung geradezu mit einem methodischen „Haß" gegen die Deutschen artikulieren sollen.

Die Debatte um Kuhs anarchistischen Begriff des Judentums zeigt, daß es sich bei seinem Essay nicht etwa um einen wenig ernstzunehmenden Versuch eines Satirikers handelte, den Selbstbestimmungsdiskurs des modernen Judentums mit Witz und Sprachkunst einer polemischen Kritik zu unterziehen. Gerade darin nämlich wurde Kuh ernst genommen, ausgehend von einem psychologisch-politischen Begriff der Befreiung die Frage nach der jüdischen Identität in der Moderne neu zu stellen. Nicht nur Kuhs Kritik der vorherrschenden Ausformungen jüdischer Identität in der Moderne, sondern auch sein analytisch-kulturkritisches Programm eines „befreiten Judentums" wurde, aus verschiedenen Perspektiven, ernst genommen und kontrovers diskutiert. Freilich erwies sich dieses Anliegen für die bestehenden Wahrnehmungsmuster jüdischer Identität vielfach als problematisch und kaum nachvollziehbar. Anstatt Kuh beim Wort zu nehmen, bildeten sich deshalb vor allem zwei allegorisierende Lektüreweisen heraus: Entweder wurde Kuhs „Sendung" auf Assimilation reduziert und vom Zionismus abgegrenzt. Dann galt, wie Robert Weltsch über Kuh urteilte, daß der von ihm eingeschlagene Weg „ungangbar" sei. Oder Kuhs Begriff des Judentums wurde, wie es Max Brod getan hat, als eine wenn auch höchst unorthodoxe Form des Zionismus interpretiert. Dann aber erschien das, was Kuh als „Sendung des Judentums" begriff, als ein zumindest an den Rändern des Zionismus gangbarer Weg. Felix Weltsch nahm dabei eine Zwischenposition ein, wenn er bei Kuh zwar „eine Art jüdischen Nationalismus" zu erkennen bemüht war, dabei jedoch feststellte, daß er sich vom „zionistischen Nationalismus" gerade in der entscheidenden Frage der „nationalen Heimstätte" unterscheidet. Kuhs eigenwilliger „jüdischer Nationalismus" stünde dann (gemäß den Prager Zionisten) Brod und Weltsch einem kulturellen Zionismus nahe, wie er, auch unter dem Einfluß von Martin Buber, in Prag verbreitet war,[116] unterschied sich aber radikal von einem politischen Zionismus. Daß Kuh selbst vor allem angesichts des Weltkriegs, bei aller Kritik, auch eine gewisse Annäherung an einen kulturzionistischen Begriff des Judentums erwogen hatte, mag die

Tatsache nahelegen, daß er seine eigenen Texte zwei Mal – und jeweils mit ausdrücklicher Genehmigung – in programmatisch zionistischen Publikationsorganen drucken ließ: der Artikel *Pogrom* erschien 1918 in der *Selbstwehr*, das Kapitel *Der Krieg und die Juden* 1921 in der *Jüdischen Rundschau*. Dennoch hat Kuh selbst eine kulturzionistische Position nie ernsthaft in Erwägung gezogen, auch nicht angesichts des Äußersten seit 1938. Seine „Sendung des Judentums" ist zwar das Modell einer kulturellen und politischen Dissimilation, bewegte sich jedoch unzweideutig jenseits jeder jüdischen Nationalität und deutlich innerhalb des Paradigmas der Diaspora, wie es insbesondere die expressionistische Generation deutsch-jüdischer Schriftsteller, auch als Reaktion auf den Krieg, für sich entdeckte.

Die Geschichte scheint Kuh und den Verfechtern eines ästhetisch-politischen Diaspora-Begriffs des Judentums nicht recht gegeben zu haben. Insbesondere Kuhs anarchistischer Diaspora-Begriff des Judentums ist von einer Geschichte übergangen worden, in der sich auf der einen Seite der Antisemitismus, auf der anderen Seite der Zionismus durchgesetzt haben. Insofern mag zutreffen, was Robert Weltsch Kuh vorgeworfen hatte, daß nämlich sein europäisches Judentum der Befreiung nur für eine Elite von Intellektuellen möglich gewesen wäre und jenseits jeder politischen Realisierbarkeit in einem grenzwertig utopischen Raum lag. Was jedoch um 1920 in der Polyphonie jüdischer Selbstbestimmung als denkbar unkonventionelles Modell jüdischer Dissimilation vernehmbar war und entsprechend kontrovers debattiert wurde, mag vor dem Horizont eines neuen, kosmopolitischeren Europa-Begriffs und damit verbunden auch eines neuen Selbstbewußtseins der jüdischen Diaspora, wie es sich in den letzten Jahren abzeichnet, auf neues Interesse stoßen. Erneut zeigen sich die engen Grenzen nationaler und ethnischer Konzepte von Kultur und Politik, und um so deutlicher wird die Notwendigkeit einer kulturellen und politischen Öffnung, der auch die „Sendung" der (jüdischen) Diaspora in Kuhs antibürgerlichem Sinne durchaus eine Lektion erteilen könnte. Die Modernität der Diaspora ist wieder zu entdecken, und um so aktueller ist deshalb auch Max Brods Aufruf: „Der Schrei dieses Outsiders möge gehört werden."

Anmerkungen

1   Anton Kuh, *Sekundentriumph und Katzenjammer*, hrsg. v. Traugott Krischke, Wien 1994, S. 142.

2   Jakob Michael Reinhold Lenz, *Pandämonium Germanicum*, Nürnberg 1819, Zweite Szene, Anfang.

3   Kurt Tucholsky, *Gesammelte Werke*, hrsg. v. Mary Gerold-Tucholsky u. Fritz Raddatz, Bd. 10, Reinbek 1975, S. 28.

4   Bisher erschienen *Luftlinien. Feuilletons, Essays und Publizistik* (1981, hrsg. v. Ruth Greuner), *Zeitgeist im Literatur-Café. Neue Sammlung* (1983, hrsg. v. Ulrike Lehner), *Sekundentriumph und Katzenjammer* (1994, hrsg. v. Traugott Krischke), *Der unsterbliche Österreicher* (2001, hrsg. v. Ulrich N. Schulenburg).

5   Bemerkenswert ist immerhin, daß schon die deutsche *Encyclopaedia Judaica* (Bd. 10, Berlin 1934, Sp. 471) einen Eintrag zu Anton Kuh verzeichnete. Neuere Artikel finden sich in Walter Killys Literaturlexikon und im Metzler *Lexikon der deutsch-jüdischen Literatur*, hrsg. v. Andreas Kilcher, Stuttgart 2000, S. 353-356.

6   Vgl. dazu Andreas Kilcher, *Anti-Ödipus im Lande der Ur-Väter: Franz Kafka und Anton Kuh*, in: *„Ich bin Ende und Anfang" Franz Kafka, Zionism and Beyond*, hrsg. v. Mark Gelber, Tübingen [Niemeyer] 2003. Vgl. auch Hartmut Binder, *Kafka in neuer Sicht*, Stuttgart 1976, S. 381ff.; Giuliano Baioni, *Kafka. Literatur und Judentum*, Stuttgart 1994, S. 196ff.

7   Diese Einleitung erweitert und ergänzt die Ergebnisse meiner bisherigen Aufsätze zu Kuh: *Physiognomik und Pathognomik des modernen Judentums. Anton Kuhs anarchistische Sendung des Judentums*, in: *Aschkenas. Zeitschrift für Geschichte und Kultur der Juden* 10, Heft 2 (2000), S. 361-388; *Der*

Sinn der Diaspora. Anton Kuh und sein Essay „Juden und Deutsche", in: Das Jüdische Echo. Europäisches Forum für Kultur und Politik 48 (1999), S. 173-180.

8   Während das *Jüdische Lexikon* (Berlin 1927) Anton Kuh nicht berücksichtigt, kann man dort über den Großvater folgendes nachlesen: „Kuh, David, Publizist, geb. 1819 in Prag, gest. daselbst 1879, beteiligte sich in Pest an dem Freiheitskampf der Magyaren und wurde zu einer Gefängnisstrafe verurteilt. 1852 gründete er in Prag den ‚Tagesboten aus Böhmen'. Frühzeitig trat er auch als Lyriker hervor. Er war eine Börne verwandte Natur, kehrte aber dem Judentum nie den Rücken, wiewohl ihm nur das Deutschtum am Herzen lag. Er kämpfte für einen ernsten, dem ‚Plakatenstil' abholden Journalismus. K. ist der Begründer der deutschfreiheitlichen Partei in Böhmen; er war böhmischer Landtags- sowie Reichsratsabgeordneter." Zu David Kuhs Position vgl. David Kuh, *Ein Wort an Juden und Slawen*, in: *Allgemeine Zeitung des Judentums* 8 (1844), S. 195ff., 207ff., 219ff. Zu David Kuh vgl. Heinrich Teweles, *David Kuh*, in: *Mitteilungen des Vereins für Geschichte der Deutschen in Böhmen* 17 (1879). Zum Kontext vgl. *Die Juden in Böhmen und Mähren. Ein historisches Lesebuch*, hrsg.v. Wilma Iggers, München 1986.

9   Anton Kuh, *Prag. Vision einer Wirklichkeit*, in: *Luftlinien*, S. 12-20, hier: S. 12f.

10 Max Brod, *Prager Tagblatt. Roman einer Redaktion*, Frankfurt a. M. 1968, S. 20.

11 Kuh, *Prag*, S. 15.

12 Kischs Mutter stammt aus der Familie Kuh. Vgl. Egon Erwin Kisch, *Familiäres, allzu Familiäres*, in: *Die Abenteuer in Prag* (1920), Berlin 1992, Bd. 1, S. 9-34, z.B. S. 17.

13 Kuh, *Prag*, S. 14.

14 Vgl. Anton Kuh, „*Central*" und „*Herrenhof*", in: *Luftlinien*, S.

20-26, hier: S. 20f. Vgl. dazu Hans Bisanz, *Wiener Kaffeehaus. Kunst und Literatur 1880-1938*, in: *Das Wiener Kaffeehaus. Von den Anfängen bis zur Zwischenkriegszeit*. Katalog zur 66. Sonderausstellung des Historischen Museums der Stadt Wien, Wien 1980; *Lokale Legenden. Wiener Kaffeehausliteratur*, hrsg. v. Hans Veigl, Wien 1991; *Literarische Kaffeehäuser, Kaffeehausliteraten*, hrsg. v. Michael Rössner, Wien 1999.

15 Vgl. Wilfried Berghahn, *Robert Musil in Selbstzeugnissen und Bilddokumenten*, Reinbek 1963, S. 114.

16 Vgl. Kuh, *„Central" und „Herrenhof"*, S. 25.

17 Vgl. Hans Hautmann, *Franz Werfels „Barbara oder die Frömmigkeit" und die Revolution in Wien 1918*, in: Österreichische *Geschichte und Literatur* 15 (1971), S. 469-479. Vgl. auch Norbert Abels, *Franz Werfel*, Hamburg 1990, S. 23; 45ff; *Literarische Kaffeehäuser. Kaffeehausliteratur*, hrsg. v. Michael Rössner, Wien 1999; David Bronson, *Joseph Roth. Eine Biographie*, Köln 1974, S. 229f.

18 Hermann Kesten, *Dichter im Café*, München 1959, S. 378; vgl. auch S. 371.

19 Kuh, *„Central" und „Herrenhof"*, S. 25.

20 Für die Angaben danke ich Gottfried Heuer und Sophie Templer-Kuh von der Otto-Gross-Gesellschaft, Berlin (Internet-Adresse der Gesellschaft: www.ottogross.org).

21 Vgl. Franz Kafka, *Briefe 1902-1924*, hrsg. v. Max Brod, Frankfurt a. M. 1975, S. 196: „Wenn mir eine Zeitschrift längere Zeit hindurch verlockend schien [...], so war es die von Dr. Gross." Vgl. Hartmut Binder, *Kafka in neuer Sicht*, Stuttgart 1976, S. 381ff.; Jennifer E. Michaels, *Anarchy and Eros. Otto Gross' Impact on German Expressionist Writers*, New York 1983, S. 164ff.

22 Anton Kuh, *Österreich 1930*, in: *Sekundentriumph und Katzenjammer*, S. 124.

23 Vgl. dazu auch Anton Kuh, *Békessy und die ihn zu Fall brach-ten*, in: *Békessy's Panoptikum* 1-5 (April-Mai 1928), S. 7-10.

24 Karl Kraus, *Vor neunhundert Zeugen. Gesprochen am 14. No-vember*, in: *Die Fackel* XXVII (706-711), Dezember 1925, S. 101-120.

25 PEM [Paul Markus], *Heimweh nach dem Kurfürstendamm: aus Berlins glanzvollsten Tagen und Nächten*, Berlin 1952, S. 88.

26 Max Reinhardt, *Briefe, Reden, Aufsätze, Interviews, Gespräche, Auszüge aus Reisebüchern*, hrsg. v. Hugo Fetting, Berlin 1974, S. 250.

27 Anton Kuh, *Der Traum von der vierten Galerie. Zu Max Reinhardts 25jährigem Direktionsjubiläum*, in: Ders., *Der unsterbliche Österreicher*, hrsg. v. Ulrich N. Schulenberg, Wien 2001, S. 44.

28 Anton Kuh, *Alsbald*, in: *Luftlinien*, S. 340. Vgl. etwa die 1935 und 1936 ebenfalls in *Die Neue Weltbühne* erschiene-nen Beiträge *Von Pöchlarn bis Braunau* und *Kleines Wörterbuch*, wieder in: *Luftlinien*, S. 323-332 und S. 348f.

29 Vgl. *Jüdisches Lesebuch 1933-1938*, ausgewählt v. Henryk M. Broder und Hilde Recher, Nördlingen 1987.

30 Vgl. den 1938 in *The Nation* in drei Fortsetzungen erschie-nenen Aufsatz *Escape from the Mousetrap*, deutsch *Flucht aus der Mausefalle*, in: *Zeitgeist im Literatur-Café*, S. 263-280. Vgl. auch Ulrich Weinzierl, *Österreichs Fall. Schriftsteller berichten vom „Anschluß"*, München 1987, S. 56-61; Alma Mahler-Werfel, *Mein Leben*, Frankfurt a.M. 1960, S. 273f.

31 Anton Kuh, *Geschichte und Gedächtnis*, in: *Luftlinien*, S. 378-383.

32 Franz Werfel, *Anton Kuh*, in: *Der Aufbau*, 31. Jan. 1941, S. 9.

33 PEM [Paul Markus], *Heimweh nach dem Kurfürstendamm*, S. 87.

34   Anton Kuh, *Juden und Deutsche*, Wien 2002, S. 71; S. 130.

35   Ebd., S. 107f.

36   Ebd.

37   Ebd., S. 71.

38   Ebd., S. 146f.

39   Anton Kuh, *Börne, der Zeitgenosse*, in: *Luftlinien*, S. 420f.; S. 414. Vgl. auch Anton Kuh, *Ludwig Börne – Löw Baruch*, in: *Jüdische Revue* Nr. 2 (1927), S. 77-78.

40   Zu Gross vgl. Emanuel Hurwitz, *Otto Gross. Paradies-Sucher zwischen Freud und Jung*, Frankfurt a.M. 1979; Martin Green, *Else und Frieda, die Richthofen-Schwestern*, Stuttgart 1976, S. 48-92; Jennifer E. Michaels, *Anarchy and Eros. Gross' Impact on German Expressionist Writers*, New York 1983.

41   Kuh, *Juden und Deutsche*, S. 73.

42   In dem Diskurs der Psychologisierung und Pathologisierung des Judentums um 1900 ist Otto Weiningers Vorhaben, „die psychische Eigenheit des Judentums" (*Geschlecht und Charakter*, Wien 1903, S. 401) herauszustellen, mit demjenigen von Kuh in einzelnen Aspekten vergleichbar. Allerdings macht Kuh Weininger selbst zum Gegenstand seiner Pathographie des Judentums. Vor allem aber zielt Kuh nicht auf eine typologische Neubegründung und Radikalisierung, sondern vielmehr auf eine Überwindung der bürgerlich-patriarchalen Geschlechterdifferenz. Darüber hinaus hatte Kuhs Polemik gegen die modernen Formen des Judentums, anders als bei Weininger, keinen antijüdischen Affekt. Sie leistete vielmehr die Begründung eines, wie er es nannte, „befreiten" Judentums.

43   Vgl. etwa Otto Gross, *Zur Überwindung der kulturellen Krise*, in: *Die Aktion* 3 (1913), Sp. 348-387.

44   Vgl. dazu *Expressionismus. Manifeste und Dokumente zur*

deutschen Literatur 1910-1920. Mit Einleitung und Kommentaren hrsg. v. Thomas Anz und Michael Stark, Stuttgart 1982, S. 144-167.

45   Vgl. Hans Adolf Halbey, *Der Erich Reiss Verlag, 1908–1936. Versuch eines Porträts*, in: *Archiv für Geschichte des Buchwesens* 21 (1980), Sp. 1127–1256.

46   Vgl. Kasimir Edschmid, *Über Expressionismus in der Literatur und die neue Dichtung*, Berlin 1919, S. 30f.

47   Vgl. Halbey, *Der Erich Reiss Verlag*, Sp. 1196.

48   Vgl. Michael Töteberg, *John Heartfield*, Reinbek 1978, S. 15.

49   Tucholsky, *Gesammelte Werke*, Bd. 3, S. 1004.

50   Vgl. *George Grosz, John Heartfield, and the Malik-Verlag*, Boston 1994 (Ausstellungskatalog).

51   Vgl. *John Heartfield*, hrsg. v. der Akademie der Künste zu Berlin, der Landesregierung Nordrhein-Westfalen und dem Landschaftsverband Rheinland, Köln 1991, S. 36f; *Fatagaga-Dada. Max Ernst, Hans Arp, Johannes Theodor Baargeld und der Kölner Dadaismus*, hrsg. v. Karl Riha und Jörgen Schäfer, Giessen 1995, S. 75.

52   Vgl. Wieland Herzfelde, *John Heartfield. Leben und Werk. Dargestellt von seinem Bruder*. Dresden 1970, S. 74.

53   Kuh, *Juden und Deutsche*, S. 81-84.

54   Ebd., S. 87f.

55   Ebd., S. 108.

56   Ebd., S. 73.

57   Ebd., S. 88.

58   Ebd., S. 89.

59   Vgl. *Expressionismus. Manifeste und Dokumente zur deutschen Literatur 1910-1920*, S. 128ff.

60   Kuh, *Juden und Deutsche*, S. 89.

61   Ebd., S. 90f.

62   Ebd., S. 92f.

63   Berthold Viertel, *Pogrom*, in: *Der Friede* 1, 7. Juni 1918, Nummer 20, S. 471-473.

64   Anton Kuh, *Pogrom*, in: *Selbstwehr* XII, Nr. 23 (21. Juni 1918), S. 2. (oder eben kurz zuvor in *Der Friede*, 1, 31. Mai 1918, Nummer 19, S. 494-450).

65   Max Brod, *Ein Wort über Anton Kuh*, in: Anton Kuh, *Juden und Deutsche*, Wien 2002, 159f.

66   Kuh, *Pogrom*, S. 2.

67   Viertel, *Pogrom*, S. 473.

68   Anton Kuh, *Antisemitismus und Deutschenhaß*, in: *Prager Tagblatt*, Nr. 25 (30. 1. 1921), S. 3.

69   Kuh, *Juden und Deutsche*, S. 118.

70   Ebd., S. 117; S. 121.

71   Vgl. Karl Kraus, *Eine Krone für Zion*, in: K. Kraus, *Frühe Schriften 1892-1900*, hrsg. v. Johannes J. Braakenburg, Bd. 2, München 1979, S. 298-314.

72   Vgl. Weininger, *Geschlecht und Charakter*, S. 402ff.; Theodor Lessing, *Jüdischer Selbsthaß*, Berlin 1930. Lessing verweist an keiner Stelle auf Kuh, ebensowenig Sander L. Gilman in seiner *Untersuchung über den Jüdischen Selbsthaß*, Frankfurt a.M. 1993.

73   Kuh, *Juden und Deutsche*, S. 103ff.

74   Ebd., S. 88.

75   Ebd., S. 98f.

76   Kuh, *Luftlinien*, S. 168.

77   Ebd., S. 176.

78   Kuh, *Juden und Deutsche*, S. 151.

79   Ebd.

80   Ebd., S. 157.

81   Vgl. Armin A. Wallas, *Mythen der Übernationalität und revolutionäre Gegenmodelle. Österreich-Konzeptionen jüdischer Schriftsteller zwischen Monarchie und Exil*, in: *Österreich-*

Konzeptionen und jüdisches Selbstverständnis. Identitäts-Transfigurationen im 19. und 20. Jahrhundert, hrsg. v. Hanni Mittelmann und Armin A. Wallas, Tübingen 2001, S. 171-194.

82   Alfred Lemm, *Von der Aufgabe der Juden in Europa*, in: *Tätiger Geist. Zweites der Ziel-Jahrbücher*, hrsg. v. Kurt Hiller, München 1918, S. 183-201, hier: S. 190. Vgl. dazu auch Hans Tramer, *Der Expressionismus. Bemerkungen zum Anteil der Juden an einer Kunstepoche*, in: *Bulletin für die Mitglieder der „Gesellschaft der Freunde des Leo Baeck Instituts"* 5 (1958), S. 33-56.

83   Z.B. Kuh, *Sekundentriumph und Katzenjammer*, S. 28 (zu einer Werfel-Matinee 1917); Kuh, *Luftlinien*, S. 18. Anton Kuh, *Glossen*, in: *Maßstab* 1 (1919), H. 2, S. 21-23.

84   Vgl. Albert Ehrenstein, *Werke*, hrsg. v. Hanni Mittelmann, Bd. 1, Briefe, München 1989, S. 312ff.

85   Vgl. Albert Ehrenstein, *Menschen und Affen* (1926).

86   Albert Ehrenstein, *Menschlichkeit*, in: *Das Zeit-Echo* 3 (1917), 1. und 2. Juniheft, S. 14-19, hier: S. 16.

87   Ebd.

88   Albert Ehrenstein, *Nationaljudentum*, in: *Internationale Zeitschrift für Individualpsychologie* 5 (1927), S. 198-206, hier: S. 199ff.

89   Albert Ehrenstein, *Zion*, in: ders., *Menschen und Affen*, Berlin 1926, S. 41-43, hier: S. 43.

90   Alfred Wolfenstein, *Jüdisches Wesen und neue Dichtung*, Berlin 1922, S. 9. Vgl. auch Alfred Wolfenstein, *Jüdisches Wesen und Dichtertum*, in: *Der Jude* 6 (1921/22), S. 428-440.

91   Ebd., S. 8.

92   Ebd., S. 54.

93   Anton Kuh, *Glossen*, in: *Maßstab* 1, (1919), H. 2, S. 21-23, hier: S. 22.

94 Wie Roth in diesem Aufsatz formulierte, ist das Exil eine permanente und zugleich aktuelle Aufgabe der Juden, „gegen den Chauvinismus der modernen Nationen", sei es des deutschen Nationalismus der Assimilation oder des jüdischen Nationalismus des Zionismus, den „Kosmopolitismus", den Europagedanken zu halten. „Es gibt keine andere Möglichkeit als die, die nicht in ihren Ländern ‚aufgehen', und jene, die nicht nach Palästina gehen und die dennoch Juden bleiben, die Träger des Gedankens vom allgemeinen Vaterland werden. Unser Vaterland ist die ganze Erde." Joseph Roth, *Werke*, Bd. 3, Köln 1989, S. 544f.

95 Erich Kahler, *Israel unter den Völkern*, Zürich 1936, S. 166ff. Vgl. Gerhard Lauer, *Die verspätete Revolution. Erich von Kahler*, Berlin 1994.

96 Kahler, *Israel unter den Völkern*, S. 169. Vgl. auch *Die Juden in Europa*, in: Erich von Kahler, *Judentum und Judenhaß*, Wien 1991, S. 45-102.

97 Vgl. Ruth Greuners Nachwort zu Kuh, *Luftlinien*, S. 502.

98 Berthold Viertel, *Anton Kuh, der Sprecher*, in: Anton Kuh, *Juden und Deutsche*, Wien 2002, S. 162

99 *Prager Tagblatt*, 25.11.1919, S. 5.

100 *Prager Tagblatt* 45, Nr. 1 (1.1.1920), S. 7.

101 -tsch [=Felix Weltsch], *Die Tragik des Judentums* (Vortrag Anton Kuh), in: Anton Kuh, *Juden und Deutsche*, Wien 2002, S. 168.

102 Robert Weltsch, *Der Fall Anton Kuh*, in: Anton Kuh, *Juden und Deutsche*, Wien 2002, S. 169.

103 *Die Juden im Krieg*, in: *Jüdische Rundschau* 26, Nr. 12 (11.2.1921), S. 79-81.

104 Weltsch, *Der Fall Anton Kuh*, S. 175.

105 Elias Hurwicz, *Völkerpsychologie. Anton Kuh: „Juden und Deutsche"*, in: Anton Kuh, *Juden und Deutsche*, Wien 2002,

S. 176-182.

106 Ebd., S. 182.

107 Brod, *Ein Wort über Anton Kuh*, S. 159f.

108 Max Brod, *Der Nietzsche-Liberale*, in: Anton Kuh, *Juden und Deutsche*, Wien 2002, S. 184.

109 Ebd., S. 191f.

110 Ebd., S. 193.

111 Ebd., S. 184.

112 Vgl. Max Dienemann, *Liberales Judentum*, Berlin 1935, Neudruck Berlin 2000.

113 [Max] Dienemann, *Anton Kuh: Juden und Deutsche*, in: Anton Kuh, *Juden und Deutsche*, Wien 2002, S. 195f.

114 Vgl. Kuh, *Juden und Deutsche*, S. 91f.

115 Johannes Urzidil, *Juden und Deutsche*, in: Anton Kuh, *Juden und Deutsche*, Wien 2002, S. 182.

116 Vgl. dazu Ernst Pawel, *Der Prager Zionismus zu Kafkas Zeit*, in: *Kafka und Prag*, hrsg. v. Kurt Krolopp und Hans Dieter Zimmermann, Berlin 1994, S. 33-43.

Anton Kuh

Juden
und
Deutsche

~~

Erich Reiß Verlag / Berlin

Juden und Deutsche

Ein Resumé
von
Anton Kuh

Dieses Buch – Elemente meiner in Prag, Berlin usw. gehaltenen Vorträge aus dem Gedächtnis verwertend – unternimmt den Versuch, über Juden und Deutsche Endgültiges zu sagen.

Es beginnt bei der jüdischen Nase, um in folgerechter Entwicklung beim deutschen Militarismus zu landen – kehrt aber nach solcher Entdeckungsfahrt mit geweitetem Horizont wieder zu seinem Ursprung zurück.

Schwerfällige Kaffeelöffelempiriker und Etikettebeachter der Folgerung werden daran einen Mangel an Wissenschaftlichkeit tadeln. Ihnen sei im voraus erwidert, daß die Wissenschaft der gangbarste und angesehenste Vorwand ist, nicht selber denken zu müssen – eine Barrikade des Erweislichen gegen die Gefahr des Wirklichen.

Daß ich, wiewohl fern von dem Verlangen, in den Geruch ritueller Autorschaft zu kommen, mein Wort bloß an die Juden richtete, hat seinen guten Grund: Ich stehe mit den Deutschen nicht so gut.

Endlich gestehe ich, daß ich meinem Buche gerne mehr Lockerheit und pamphletistische Grobheit gewünscht hätte. Aber es ist unmöglich, zugleich zu schauen und zu beweisen, ohne sich zu verdicken. Wer nicht nur die Überzeugten überzeugen will, wird eben das Don Quixote-Opfer einer Systematik bringen müssen, die dem rasch blickenden Geist nicht im Blut liegt und seinen Fluß bloß zwecklos anstaut.

Es ist der Herr von Absolut,
Das heißt: es ist der alte Jud.
Ὃς εποιησε τον ουρανον και την γην
Ἐν αρχη. Αμην, αμην.

Schopenhauer, Briefwechsel.

Es wird soviel herumphilosophiert – – – und es ist doch so
einfach!
Sie haben eben die perfide Lebens-Sehnsucht!
Sie wünschen es, daß dieses Kapital „Leben" sich mit 100
Prozent verzinse!
Die Anderen begnügen sich mit 3!

Altenberg – „Die semitische Rasse"

... Die Deutschen, diese unverantwortliche Rasse, die alle
Malheurs der Kultur auf dem Gewissen hat ...

Nietzsche an Overbeck

Die Juden sind der Freiheit viel näher als der Deutsche. Sie
sind Sklaven, sie werden einmal ihre Ketten brechen, und
dann sind sie frei. Der Deutsche aber ist Bedienter, er könnte frei sein, aber er will es nicht.

Börne

Auf Opposition wie auf Thron
Reimt sich der Eigenname Cohn.

Jude! – –

prüfe den Vorgang in deinem Gemüte, wenn du dieser Laut- oder Letternfolge begegnest!

Sie wirkt peinlich und gemein, wie geflüstertes Ertappen. Sie zieht à tempo den Sinn von stolzer Menschenhöhe in ein enges Familiengelaß. Sie liebäugelt mit dir voll niedriger Vertraulichkeit und packt dich wie einen Flüchtigen, der sich nicht umwenden darf, an den Rockschößen. All dein Streben ist Stubensprengung, Weite, Errettung aus den Schleimfäden inzüchtigen Durchschautseins zur Tat hinan, zur Welt! – da wird jenes Wort laut und sagt: „Mitgefangen – mitgehangen! Du kommst uns nicht aus! Wir holen dich von den Sternen oben zu unserer Brüderschaft kleinmütiger und warmblütiger Diesseitsgier herab!"

Was verursacht diese plötzliche Senkung des Bewußtseins? Ist sie der letzte dumpfe Überrest des Ghetto, atavistischer Schrecken vor dem Judenpferch? Oder jetzt noch Wirkung eines früh vernommenen Schimpfworts?

Es ist beides in einem – (und ein Drittes, was später noch genügend klar wird). Was dem einzelnen als Knaben unter Steinwurf und Spottreim geschah, es widerfuhr allen von den Völkern und Zeiten. So wurde Aug' und Ohr für das reine Empfängnis jenes Wortes verdorben. Fortan und unheilbar klaffte der Zwiespalt von Blutsbekenntnis und Scham. Hier hat man, am Bilde einer bloßen Buchstabenwirkung, die Jahrtausendpsychose der Juden. Sie durften zu sich niemals reinen Sinnes „Ja!" sagen. Sie mußten das aus ihrem Herzen aufzüngelnde „u", das den Namen ihres Volkes zum Hirn emportrug, mit rasch zusammengeraffter Dialektik ersticken. Im besten Falle zerbrach ihr Fühlen ein wehmütiger Dualismus: hierhin wies Erinnerung, Denkstolz, geheimer Auserwähltheitsglaube – dorthin Haß,

Neigung, Gunstbuhlerei. Gewöhnlich aber schmolz diese
Zweiheit zusammen, weil sie verschmelzen wollte. Ein seeli-
sches Mißgewächs aus Ja und Nein trat an Bewußtheits-
stelle. Es begann die mörderische Selbstflucht, vom Flücht-
ling, dem nichts in der Welt und Zeit augenöffnend bei-
stand, zu oft mit einem „Kampf um Reinheit" verwechselt.
Alles Denken wurde in pathologischem Sinne Verdrängung,
alles Bekennen Erdroßlung. Das Bewußtsein zerfiel gleichsam in ein jüdisches Erdgeschoß und einen von ihm durch
eine Falltür bedienten kultureuropäischen Oberstock. Man
gewöhnte sich nunmehr daran, alles, was von dort unten
kam und nach dort unten wies – einschließlich des ominö-
sen, an die Spitze dieser Zeilen gestellten Wortes – als
zweitrangig, nebensächlich zu empfinden. Während kein
Nations- und Rassenzugehöriger sonst, sei er ein Deutscher,
ein Fläme, ein Lette, im Augenblick der einsetzenden
Denkorientierung von sich absehen, aus seiner Haut kriechen, vielmehr nur bei sich als durchgefühltem Mittelpunkt
der Welt beginnen kann, erfanden die Juden lieber die Fabel
von der „Priorität des Menschlichen" (jenem Ausfluchts-
mittel ihrer Verlegenheit, womit sie eine Art körperloses
und leibentrafftes Menschentum statuierten) und logen die
Wertreihefolge: Mensch, Volksbruder, Rassenstämmling in
eine körperliche um; gleich, als ob man statt mit dem
Gehirn mit der reinen Erkenntnis denken und die
Gehirnmasse als Erkenntnis dieses Denkens empfangen
könnte! Sie degradierten ihr umkleidendes, Fluchtrichtung
und Irrtum des Geistes bestimmendes Judentum zu einer
bloßen Funktion, einer Meldzettelrubrik. Ja, etliche unter
ihnen empfanden es am Ende als Gebot einer ungeschrie-
benen Vereinbarung, in weitem Bogen um das Schreckenswort
herumzugehen und die Stimme zu senken, wenn es doch

einmal unabweislich schien. In sonderbarer Preisgabe der Angst, man könnte ihrer Europabeteiligung ins jüdische Herz schauen, gaben sie eine Taktparole weiter, jener nicht unähnlich, die dem Gottseibeiuns mit drei Kreuzeln ausweicht.

So ist das Wort „Jude" selbst noch nicht einmal zu festem und sicherem Klang gediehen. Es tanzt in der Luft wie ein abgerutschtes Fragezeichen.

Was ist die Folge? Daß das Judenproblem noch bei den Schwierigkeiten hält, die sein Name befangenen Sinnen bereitet. Keine Erörterung geht im Grunde darüber hinaus, ihn gegen Angst und Argwohn zu schützen, aus psychotischer Kruste zu schälen. Und es ist schon viel getan, wenn der Begriff „Jude" solcherart aus der Niederung fachwissenschaftlicher und tendenzpolitischer Zweitrangigkeit auf die Höhe eines weltebenbürtigen Phänomens gehoben wird.

I.

Befangenheiten der hier umschriebenen Art trugen dazu bei, daß ich die Tragik der Juden ehmals bloß als Tragigroteske empfinden konnte.

1914, wohlverstanden. Damals gab es Zionisten, Assimilanten und zwischen beiden als geistigen Kalendertypus: den Selbsthasser.

Es war am End- und Höhepunkt eines egozentrischen Zeitalters. Die unerfahrene, verspielte Welt hielt ihr Podium noch für den Erdboden. (Sie verstand das prophetische Gleichnis der „Titanic" nicht.) Die Lage des Individuums im Raume war durch die Entfernung vom Wirklichen und den Abstand vom Bücherkasten bestimmt. Spiegelbilder des einen und Substrate des anderen stellten dem Geist seine Szene. Isoliertheit war Trumpf, mochte den gewitzteren Vorposten auch schon etwas von der Notwendigkeit menschlicher Beziehung dämmern. Und die Isoliertesten der Isolierten, die Luftgaukler unter den Bodenscheuen, die Tonangeber darum des Tages und Beherrscher des Wortes waren die Juden. Ihre Schicksalserkenntnis hielt mit den anderen Schritt. Was die sechs Jahre von 14 bis 20 als reinste und sicherste Folge für Europa ergaben, trifft um so mehr noch sie selbst: daß jene aus Büchern und Bildern gefilterte Welt des Bewußtseins dahin ist und es so lange bleibt, bis die Erfahrung, die Körper verlassend, einst wieder in Büchern und Bildern ruht.

Damals aber dominierte die ästhetische Selbstkritik, will sagen: der Selbsthaß, von Spöttern als „jüdischer Antisemitismus" bezeichnet. Historischem Blick scheint es gleichwohl, als ob er seine eigene vorbereitende Epoche hätte haben müssen. Nehmen wir es immerhin so und sagen wir: Die Epoche des jüdischen Antisemitismus reicht genau bis zu Kriegsbeginn.

Sie wird in Wahrheit allerdings so lange währen, bis das weniger durch Schimpf und Hohn als durch die Schleichwege der Anpassung an beides verdorbene, durch Zelotismus und Inzucht gealterte, mit dem Gott der Felsen und Wälder entzweite, des Eros in seinem Antlitz verlustige Volk der Juden entweder, wenn es eine Sünde war, die es leiden läßt, die Sünde getilgt oder, wenn es eine Sendung war, die Sendung erfüllt hat. Um zu dem einen oder andern zu kommen, braucht es die selbsterkennende Unterscheidung: was an ihm gut, was schlecht, was gewesen und was geworden ist, wozu es sich bekennen und was es nicht anders denn als

Fluch und Übelkeit seines Daseins betrachten darf. Die Zionisten scheren sich darum wenig. Zwar betonen sie voll Zuversicht, daß der Eintritt in ihre Weltanschauung ein ethisches Gelöbnis erfordere; der Ankömmling erbringe zugleich den Tauglichkeitsnachweis. Aber was sind das für Gesetze, nach denen sie assentieren?! Sind es dieselben, nach denen sonst in der Welt schön und häßlich, gemein und sittlich, edel und niedrig unterschieden wird? Dann sind sie schlecht oder mindestens unzulänglich. Denn Juden müßten vorerst mit einem selbstanklägerischen Judenblick gesichtet werden. Ob sie im weltbürgerlichen Sinne brave, gerechte, treue Menschen sind, kommt in zweiter Reihe. Wichtiger ist, wie sie sich sehen – und ob sie sich sehen. Selbstbekenner, die nicht Selbsterkenner sind, wären da schlechte Richter. Die Zionisten aber keinesfalls die besten.

Ich wollte sie zur Probe einmal examinieren: „Haltet ihr die Juden für anmutsvoll und schön? Oder den Judenverstand, so wie er ist, für beglückend und glücklich? Haltet ihr euch selbst für naive, vom Eros bis in die kleinste Handbewegung gesegnete, der Welt verschriebene, dem Ich verfallene, Gott in sich tragende Menschen? Seid ihr rein geworden, weil ihr es sein wollt? Und darf euer ungereinigter Sinn über Volkswert und –art entscheiden?" Sie würden verlegen. Und trieben es wie die Politiker, die Zunftreiter auf hohem Roß, die man vor das Pistol einer Beichtfrage fordert. Sie erwiderten: „Ästhetenschnickschnack! Literatengerede!" Denn in ihren Augen gibt es nur eine Krankheit: die Krankheit der Blutsverleugnung.

Man könnte ihnen noch etliche nennen. Doch eine vor allen: Was macht den Durchschnittsjuden auf den ersten unbefangenen Blick zur tragikomischen und, wenn ihm der Reichtum beweglicher Gesten, Vernunfttricks und Pfiffig-

keiten nicht darüber hülfe, zur tragischen Figur? Rund heraus gesagt: daß er nicht schön ist. Es wäre dumm, das nicht
einzugestehen. Der Karikaturenstift und das Straßenauge
sehen zu bestimmt. Jene Häßlichkeit, die sie erblicken,
braucht indes weder Disharmonie noch Entartung zu sein.
Sie ist wahrscheinlicher und öfter als beides: physiognomi-
sche Triebbewußtheit. In diesem Sinn gibt es freilich kein
aufgeschlosseneres, der Psychologie geöffneteres Gesicht als
das jüdische und keines, aus dem man bei einiger
Chiffernkenntnis und ohne Scheu vor mystischen Hinter-
gründen mehr herauszulesen vermöchte. (Offenbar hängt
damit auch die psychologische Fähigkeit der Juden zusammen.) Wo der Mensch nur zwei Lippen für sein Begehren
hat, hat der Jude unzählige. Seine Gefallsucht hat Lippen,
wie sein Gefallen, sein Hunger nicht bloß, sondern auch
seine Sattheit, seine Angst, seine Verlegenheit, sein Ärger.
Der Mund ist zweilippig, aber seine Augen sind hundert-
lippig. Und diese Lippen sind Fänge, die ihre noch so
abstrakte Beute in einen Fuchsbau genießerischen Erden-
profits schleppen. Richtig nach Hassesherzen gemalt? Es
dämpfe seinen Schlag. Denn die Gesichter von Jud und
Christ sind ungleich – die dazugehörigen Seelen minder.
Das jüdische läßt sich bloß deutlicher zusehen, weil es selbst
deutlicher dreinblickt und jener schönen edlen Blindheit
entbehrt, die die Lust am Verhängnis ausprägt. In ihm zeigt
das Gehirn als Kontrollorgan über den Gewinn der Sinne,
als Buchhalter des Daseins, gegenüber den Trieben die
Oberhand. Was als Lüstlingstum wirkt, ist Lustverrech-
nung, was für Nimmersattheit gilt, der Heißhunger nach
Unbewußtheit. Zudringlich-wachsame, geheimnis-stibit-
zende Topfguckerei liegt in ihrem Blick. Die Unglücklichen!
– sie selbst sind es, in deren Töpfe sie blicken, ihre eigenen

Lebenssuppentöpfe, die sie mit dem Verstand auslöffeln, um zu sehen, was ihnen am Ende der Mahlzeit zurückbleibt. Sie sind vom Fluch der Unnaivität gezeichnet.

Ihre Unnaivität ist ihre Häßlichkeit.

II.

Ja, aber woher stammt dieser Fluch? Hat ihn noch der alte kanaanitische Jehovah gesprochen mit den Worten vielleicht, die das Volk aus dem Paradies vertrieben? Oder lachte in Kanaan ein unschuldiger Freudenhimmel und ging erst mit der Heimat zugleich und im Augenblick, wo sich die selbstsicher Angesiedelten in ungeliebte, verschmähte, selbstbeobachtende Fremdlinge verwandelten, verloren?

Kein Zweifel, daß Haß die Unbefangenheit des Verhaßten zerstört. Aber es ist zu sinnfällig und unbestreitbar, als daß es aufschlußreich sein sollte. Sehen wir also nach dem anderen!

Hier bleibt die Frage und fragt weiter: Wofür – wofür also der Fluch des alten Judengottes? Etwa als Strafe für seine Ausrufung über Himmel und Erde und als Zustimmung zu dem Verdikt, das ein nachgeborener deutscher Philosoph über ihn fällte? Als monarchistische Züchtigung jener, die die Oligarchie der Heidengötter sprengten? Oder als Sühne für einen gefräßigen Erdeneifer, der sogar die Hülle des verschleierten Bildes zu Sais lüpft, um nachzusehen, ob dort noch für ihn etwas zu holen ist und die Natur an den Verstand, ihr unfroh-widerspenstiges Kind verrät?

Fort aus dem metaphysischen Gelände, wo sich Ursache und Wirkung vermischen und nichts Greifbares erblüht! Menschen müssen sich ans Ersichtliche halten – es ist die

Metapher, in der Gott mit ihnen spricht. Und ersichtlich ist, daß jener Fluch durch eine Sünde am Geschlecht und am Menschen – durch die jüdische Sexualität verschuldet wurde.

Da haben wir's denn endlich wieder, das gewichtig-speichelnde Wort! Es ist als Versuch des Geistes, in einer den Körper nahe berührenden Angelegenheit Körperabwesenheit zu simulieren, als Neutralisierungsversuch einer peinlich-unverhüllten Sache durch terminologische Überlegenheit selbst eine jüdische Erfindung (ähnlich wie das „Israelit", das für „Jud" figuriert). Daher erzeugt es die Vorstellung bebrillter Nacktheit und verbreitet den Geruch gelüfteter Ehebetten. Zugegeben! – aber was kann das Wort für seine Feigenblattfunktion? Es vermag nur selbst wieder hinter sie zu leuchten und die Krankheit derer, die mit ihm Ball spielen, zu ergründen.

Sind die Juden sexuell glücklich? Ich wage es zu verneinen. Das schönste Glück, unbewußter Wunschkeim allen revolutionären Triebes: „liebend geliebt zu werden" – es ist ihnen am öftesten versagt. Sie dürfen nicht sehen und nehmen wie die andern. Ihr lebendigster Intellekt, ihre schmiegsamste Sachvertrautheit, ihre genialste Lustbereitschaft tritt hinter dem Lächeln eines Nebenbuhlers zurück, dessen lässig-verspielte Lippen von sich nichts wissen. Wenn Peter Altenberg, der glückentschlossene Jude, immer wieder den Gegensatz „Dichter" – „Flugerl" feststellt, von denen jener, alles begreifend und zu allem bereit, das schwärmerisch-erschütterte Nachsehen hat, während dieses, glatt gekämmt und mit einem neckischen Schnurrbärtchen geziert, im Vorüberstreifen sein Glück aufklaubt – so ist hier in der Hauptsache das ungleiche Geschlechtslos von Jude und Nichtjude beschrieben. Die gewiegtesten Kenner sind die schlechtesten Akteure. Sie wissen in der tausendfältig verworrenen Dramaturgie der Liebe wie keine zweiten Bescheid – aber laßt sie den Hans Styx spielen, der schön Grete liebt, und sie fallen platterdings zu Boden. Das Liebeswort aus ihrem Munde verdirbt der Klang ihres mitlauschenden Verstandes, dieses prosaischen, kein Aug' vom Gefühl lassenden Dreinsprechers – es reißt sich entweder mit schlecht verhehlter Gewalt von ihm los, atemgepreßt und unschuldsplappernd, oder es bleibt sandig wie der Ton der Überredung. Überredung scheint ja all ihr Werben – wie das der anderen: Überzeugung –, ihre Erotik verhält sich zur Leidenschaft wie das Reden zum Zeugen. Geredet ist das Band zwischen Liebenden und Geliebten, geredet und erredet. Sie schalten ins Objekt ihrer Neigung einen Starkstrom ein, jetzt schon bereit, an ihm beides, Mühe und Gelingen, zu rächen: die Mühe künstlichen Selbstentzückens, jenen Umweg, durch den der Wille die Natur in ihrem Laufe entstellt, und die unverlierbare Gewißheit, daß sie bloß die Hand zu heben brauchen, um zu zerstören, was sie ins Werk gesetzt. Gerechteste Strafe, wenn sie einmal selbst Opfer ihres Spiels werden und ein Schicksal zu Ende erleben müssen, daß sie als keines erkennen! Grausamste Fügung, noch auf dem Gipfel der Liebeskunst die Liebe zu entbehren!

„Vernunft ist oft lästig, wie ein Nachtlicht im Schlafzimmer", sagt Börne. Es ist das besondere Los der Juden, daß dieses Licht gerade in ihren Schlafzimmern brennt.

III.

Was hier beschrieben wurde, ist, wiewohl sündhaft genug, Sühne, nicht die Sünde; und wenn auch wieder neue Ursache, so doch vor allem Wirkung. Dem Geschlechtsunglück muß eine Geschlechtsschuld entsprechen.

Eine uralte Schuld, nach dem Alter des Unglücks zu schließen. Älter als die Zerstreuung über den Erdball, älter als Kanaan, älter als Abraham. Aber nicht vielleicht geradeso alt wie der Sündenfall?

Hier muß ich mit den Worten und Gedankenfolgen eines Mannes erwidern, den außer einer Handvoll Psychiatern und Geheimpolizisten die wenigsten beim Namen kennen und unter diesen wenigen nur solche, die ihm zur Schmückung des eigenen Gesäßes die Federn ausrupften. Er hieß Otto Groß, war Arzt und neben Wedekind der eigensinnigste, apodiktischste Deutsche dieser Zeit. Ein hinterlassener Klüngel Erlesener weiß von ihm zu erzählen. Mit den zarten, berührungsscheuen Armen eines Gelehrten mußte er einen Kampf auf Tod und Leben kämpfen, weil er es sich beifallen ließ, Erkenntnisse zu haben, ohne die Staatsanwälte der Bildung, die Superintendenten des Geistes danach zu fragen. Der tausendköpfige Autoritätsgeist, in Sitz und Sicherheit bedroht, an der heikelsten Stelle gefaßt, hetzte ihn blindwütig durch Polizeistuben und Irrenhäuser und ließ ihn auch da noch nicht locker, als er, abgezehrt und verhungert, am Totenbett lag. Was war denn nur seine Unheilstat? Zweimal zwei hatte wieder einmal ohne Zuhilfenahme jener Logarithmentafel, deren Ermittlungsverfahren über das Resultat hinwegtäuscht, vier ergeben. Leset in Wedekinds „Hidallah" nach, was das zur Folge hat! Ihr dürftet dort auch unter dem veränderten Namen Karl Hetman dem Gelehrten Otto Groß begegnen: seinem hackigen, wüstzerschnittenen Gesicht – einen „gerupften Raubvogel" nannte ihn ein Freund, der zu ängstlich blickte, um auch den lieben Struwelpeter in ihm zu sehen – seinem kinderreinen Fanatismus, seinem marterbereiten Dozententum – ja, allem

bis aufs Haar! (nicht einmal zu vergessen, was ich den obrig-
keitlichen Dummköpfen dieser Zeit nur ungern preisgebe,
jener geistigen Trockenhitze, die die fixen Ideen so oft in die
Nähe der großen bringt). Und werdet nicht erkennen, daß
dieser hohlgebrannte Anarchist ein störrischer, sonnenlun-
gernder, das Gras mit einem Blumenstengel peitschender
Knabe ist, der sich in einen Gedanken verguckt hat und
daheim noch immer die Mutter warten läßt. Keine Zeit! – er
muß erst, und kehre er mit Furchen und Narben, in der
Zwangsjacke oder den Strick um den Hals heim, seinen
Wunsch erfüllt haben: Vom lieben Gott persönlich gestrei-
chelt zu werden – –

Aber es ist ein Unterschied.

Karl Hetman, der Häßliche, sagt: „Liebt euch ohne
Schranken, ihr Schönen – und eure Kinder werden schön
sein!"

Otto Groß, der Einsame, sagte: „Liebt euch ohne Gewalt,
ihr Freien – und eure Kinder werden Geschwister sein!"

Er glaubte an die Herkunft alles Üblen auf Erden von der
Geschlechtsgewalt. Und sah in der gleich bejahten, kon-
fliktslosen Paarung den Keim, das edelste fleischliche
Sinnbild aller Menschenbeziehung. Er war der Revolutionär
a genere.

. Diese Denkmethode nun auf die Geschichte der
Schöpfung und des Menschen angewandt, ergab ihm folgendes:

Im Urbeginne der Menschheit, jenen Zeiten, die der
Römer die „aurea aetas", der Jude das Paradies nennt, war
das Mutterrecht (wie es auch Krapotkin als Staatsform bei
den Urvölkern aufdeckt). Damals gab es statt des
Geschlechtsbesitzes die Liebeswahl. Das Weib war nicht ver-
sklavte Huldin, sondern dominierendes Gemeingut der

Freude. Da sein Trieb nicht an die Kette der Unterhaltssorge gelegt war, konnte es auch keine Autorität geben, kein Herrentum des Staates – es war weder nötig noch möglich. Und wer wollte die Macht haben, wo keiner unter Gewalt war?

Da geschah der Sündenfall. Wie und wodurch er sich begab, bleibt dunkel. Klar aber ist, daß es ein Verstoß gegen jene Gewaltlosigkeit der Beziehung war – ein Gewaltakt am Weibe. Die beiden ersten Menschen wandten sich, heißt es, danach schamvoll voneinander ab. Und was ist Scham anderes als der Rückfall Entfremdeter, des Geschwisterbandes Verlustiger in die Einsamkeit? Wer dem anderen die Augen verband, der kann ihn nicht mehr ansehen, wenn die Binde dahin ist; er hat die Zweieinheit zerrissen und sich der dunkeln Ferne des Todes übergeben, aus der ihn die Liebe hinwegtrug.

Fortan waren in der Welt: Machtsucht, Häßlichkeit, Gewalt. Wo die Autorität der Liebe residierte, dort gedieh nun die Liebe zur Autorität. Der Mann wurde Vergewaltiger, Besitzer. Er raubte oder kaufte den Frauenleib. Die Willenssumme aber von Raub, Kauf, Besitz – die ausübende Behörde der Vergewaltigung – sie nannte sich „Staat". Brauchte ihn der Herrenmensch für sich, so brauchte jener mit der Zeit einen verläßlichen Grundstock. Der beduinische Lassofang des Weibes, Verschleppung, Vielweiberei und Haremskult – das war noch für Nomaden. Der seßhafte Staat bedurfte eines festeren Grundes. Was war seine Wurzel? Der Harem zu zweit – die Ehe.

Das war die Lehre des Otto Groß.

IV.

„Die Hypothese", fistelt ein Echo. „Und darauf ein Buch gebaut?"

Aber ob Hypothese oder Grunderkenntnis (wenn es nicht durch sich selbst schon genug sagt) – das richtet sich in solchem Fall nur darnach, was die Anwendung einbringt. Die Wahrheit wäre ohne Gurt um nichts weniger wahr. Sie trägt ihn nur, weil sie ihn hat. Was von der einen Seite Baugrund scheint, ist also von der andern bloß das Dach.

Ich also, unentwegt im Fahrwasser jenes Gleichnisses (und um so sicherer, als es die Kulmination und nicht die Voraussetzung des Folgenden darstellt), möchte über die Lehre, die Paradiesverlust und Beziehungsverlust gleich setzt und aus der Vergewaltigung die Gewalt destilliert, hinausgehend sagen:

Die die väterliche Autorität in die Welt setzten zur Sicherung leiblichen Besitzes, sie mußten über diese Welt auch einen Vater-Gott setzen. Und so zeugte der hörige, besitztolle Mensch den Gottvater. Den „lieben Gott" nannten ihn schmeichlerisch die Untertanen. Aber sie sagten nicht mehr: der liebe Mensch. Sie freuten sich nicht mehr, sie weideten. Das Auge ihrer Gier blickte ängstlich nach dem selbstgezogenen Weltrand.

Die Juden berühmen sich, hierin die Ersten gewesen zu sein. Sie mögen denn dieses Vorrangs genießen! Sie nennen sich Begründer und Heiliger der Ehe. Auch wenn es nicht so war – die Folge bescheinigt's. Hätten sie den Ehrgeiz nicht, das älteste Volk zu sein, sie brauchten sich nicht als das auserwählte zu fühlen und die Leiden der Auserwähltheit zu tragen. Die Ältesten sind die Schuldigen, und die Schuldigen sind auserwählt, die Welt zu entsühnen.

Ihr eigener Ausspruch jedoch bezichtigt sie dieser Erstlingsschuld. Zwar mochten sie den Weibern, die sie in ihren Gestüten hielten, alle Ehre lassen. Sie ließen ihnen bloß die nicht, frei über sich und ihre Leibesfrucht zu schalten. Später kapselten sie sich in die Kleingehäuse der Ehe ein und wehrten, also eingeringt, der Welt und dem Weltgeist. (Das war ihre Zähigkeit.) Ihren Sinn zog es nicht nach der Fährnis, aufzugehen in den Allmutterleib der Schöpfung, sondern zurück in den bergenden Mutterleib; ihre Weltsucht aber war bloß ein empfindsamer Überlandflug der Seele, dessen Kurve sich nach jenem Ziel zurückbog; ihr Zeugen ein Zurückrufen des Vaters – der Enkel hatte Großvaterfalten, das Kind trug Greisesspuren. Sie hausten in Käfigen – „Familie" genannt – und rückten, ein Leib mit vielen Köpfen, über Fang und Entgang des Daseins brütend, am Eßtisch zusammen. Was war ihre Liebe? Mitleid zum Eßgefährten, dessen hintergrundsloses, bis an den Kern durchschaubares Leben seine Armseligkeit preisgab. Ja, alle Liebeskraft verwandelte sich am Ende in Ermunterung zum Essen – carpe carpendum! – wie sich ihr Liebestrieb, unerlöst, der ewigen Zeugenschaft des Hirnes müde und immer noch durch das offene Auge des Opfers, das den verspielten Werber als gierigen Erbeuter betreten mochte, an freier Verströmung behindert, nach Mönchs- und Pfaffenart zu oft in Völlerei verwandelte – jene Gelegenheit, unbeobachtet ein am Spieß gebratenes Huhn zu schänden und einen Kapaun auf den Rücken zu werfen. „Essen" ist die Resignation des Genüßlings, der Vorausgewinn eines unsicheren Paktes mit dem Himmel. Daher war in den frommen Genußstuben, in die sich das jüdische Volk vor dem Gott der Gewitter und Welten verkroch, der gedeckte Tisch ein Rituale. Ihr Religionsgründer widmete ihm ellenlange

Gesetze. Hier kulminierte ein Glaube, dem der Besitz alles war und die Beziehung nichts, hier stopfte sich die Angst, um dünner zu atmen. Denn Angst, Angst nistete dennoch in der warmen Stube, sie schlang ihr bang-zärtliches Herzensband um Eltern, Brüder und Schwestern, sie hemmte den Fuß, der in die Welt hinausschritt. Ach über jenen von Gutzkow gepriesenen „Zauber der Familie"! Ein welterkältetes Herz mag sich an dem Dunst, den Mitleid, Rührung, Betreuung, Witz und Furcht spinnt, immerhin erwärmen. Aber wie bald spürt es, daß selbst der Frost enttäuschten Weltdrangs wahrer und reiner ist als eine Brutluft vervielfältigter Einsamkeit! Wie riecht doch die Wärme nach einem einzigen, gesellig-beklommenen Leib! – wie schwärmen in ihr die Bazillen zerrissener, durch Druck und Gegendruck zermürbter „Ich"s! Der Vater, Ur-Besitzer, schwingt die Erhaltungsfuchtel. Die Mutter, in ihrem Glück verkrüppelt, hegt die Kinder als Krüppel; die Töchter sind lebendig aufgebahrtes, wie Topfblumen betreutes Verkaufsgut; und die Söhne – lest es doch in ihren Schriften selbst, sofern sie sich, zwischen Tat und Bangnis zerklemmt, dem Worte verschrieben, wie sie die Glieder schütteln, um jenes verengende Wissen um die Menschenkleinheit in der Stube abzutun, wie sie, Schaum um den Mund, unterlaufenen Auges, an den Fesseln der Erinnerung zerren, und wie ihnen, deren kühnste Weltfahrt eine Trutzfahrt, deren Werk eine Ferndrahtung vom anderen Ende der Welt an die hoffnungslos in der Stube Verbliebenen ist – „der Durchschauungs-Entronnene an die Durchschauten" –, heute noch beim Rückgedenken „Träne auf und niedersteigt". Lest es bei Werfel, Kornfeld, Hasenclever (der hierher gehört, auch wenn er nicht hierher gehört) – und dann anders, schamhafter und panischer bei Kraus! Dieser freilich flieht, läuft,

ohne eine Kopfwendung nach rückwärts; er muß sich im
rasenden Wortgalopp erhalten, um nicht zurückzusehen.
Jene aber behalten den Blick nach dem Ursprung; sie stellen
sich dem Gespenst, dem er haßvoll davonjagt. Daher teils
die „Wallung gleichen Blutes", teils die Blicke „stählern und
bereit". Daher das wiederholte, neupatentierte Exempel:
Vater-Sohn. Ihr Aktivismus ist: Überwindung des Papa. Von
einem Rotgardistenkapitän hörte ich erzählen, der inmitten
des Gefechts um ein Gebäude, den Säbel in der Rechten,
das Auge im Fieber, die Haare wirr, einen befreundeten
Reporter, den er in der Nähe erblickte, mit den Worten
anrief: „Wenn du's nach Hause ans Blatt berichtest, vergiß
meinen Namen nicht ... damit meine alte Mutter eine
Freude hat." Sein Schwertstreich drahtete: „Nun?!" So fragen sie alle. Denn sie sind entsprungen, nicht frei. Sie können den Geruch des Zwingers nicht verlieren und nicht die
wachsame Unruhe des Blickes, die dort gedieh, wo sich der
Mensch, hart gepreßt und warm umschlungen, Ich-besessen
und zu Tränen gerührt, am Menschen reibt und am Ende,
wie es einer von ihnen genial beschrieb, in eine Wanze verwandelt.

Wie genau kennen sie sich alle von dort her! Kann es zwischen ihnen da noch Ehrfurcht geben, Achtung vor dem
Mystisch-Unberechenbaren im Menschen? Ihr Verwandtschaftsinstinkt wacht peinlich über jeden Versuch, Hinter-
gründe zu simulieren und jener Herkunft sich zu entziehen.
Und hat er im Fremden den Verwandten arretiert – dann
gute Nacht Respekt, Glaube, Demut! Du wirst mir nichts
tun – du bangst um deinen Lebensbissen! Wer die Natur
verriet, hat sein Geheimnis verloren.

V.

Versteht ihr's jetzt, warum der höher gestiegene Jude – sei er ein seichter Amateur-Europäer oder schon zum Jüdischen in sich entschlossen – dem zionistischen Bruderruf so ungern folgt?

Weil es ein Bruderruf ist; der Ruf des Familien- nicht des Weltenbruders. (Zwischen beidem liegt noch der Weg eines unerfüllten Schicksals.)

Begreift ihr sein Zurückschrecken?

Wir trachten in die Welt, in die Welt! Los von den Vätern und Richtern und Tempelhütern!

Der Zionismus aber trägt ein samtenes Patriarchen-käppchen.

Er weiß, warum er jedes Bündnis mit den Gott-gestrengen, Ritusverrannten immer wieder abschwört. Denn was trennt ihn von ihnen? Nichts. Die Form – eine Frage der letzten Folgerung. Er schreitet völkisch die Bahn zurück, die sie religiös heraufgewandelt. Er bejaht, was ver-neinenswert, hält für kostbar, was zerstörungswürdig: Familie, Ehe und den Gott der Rache. Er akzeptiert kritiklos Kanaan. Darum sagt seine Werbung auch: Kommt zurück – zurück in die warme Stube!

Doch bezeichnend genug dafür, daß er um die geheime Quelle des Widerstandes gegen diese Werbung weiß und, was er Fahnenflucht nennt, wesentlich selbst als Kerker-flucht betrachtet, stand bei ihm kürzlich noch – und sei der Kreis noch so klein gewesen – ein Witzbold in Juvenalischen Sängerehren, der die Zögernden allwöchentlich in einem Blättchen mit Kehrreimen des gleichen Spottes bombardier-te: „Du Ärmster, der du unsere Krummnase – unser Kraushaar – unseren Tonfall hast, wie willst du dich uns ent-

ziehen? Gedenkst du noch des heimatlichen Speisen-
geruchs? Warst du nicht selbst ein braver Mitesser und
Mitbeter? – Und glaubst davon zu können? Nutzloses
Trachten!" – Das brüderliche „Hepp, hepp" als Hosiannah.
Es gibt solcherart ganze Literaturen, die ein Freudsches
Versprechen sind.

Braucht es aber dieses lapsus cordis, damit sich der
Zionist dem Kennenden verrät? Sein Ruf heißt: „Zurück"!
Ob es ein „Vorwärts!" ist, ficht ihn wenig an. Was sind ihm
die Zeiten der europäischen Verbannung? Ein Zweijahrtausendszufall. Was ist ihm Heimatsverlust, Pogrom,
Räderung und gelber Fleck? Eine Passionsgeschichte.
Wiewohl sonst dem christlichen Denken, das in Erden-
qualen Himmelskäufe erblickt, aus Erdsessigkeit abhold,
begegnet er sich mit ihm gern in diesem Punkte. Leidenserkoren – zu nichts. Oder bloß, um durch Beharrlichkeit bei
Gott einen Stein im Brett zu haben? Ja kann es Besseres zum
Lohn geben, als was schon gewesen? Fehlt nicht viel, daß sie,
jeder Diesseitsvergütung entsagend, vom Jenseits den Preis
dafür erhoffen, daß sie so getreulich an ihm gezweifelt.
Denn ihr Jüdischsein hätte alsdann – wie Schopenhauer es
herausfand – einen christlichen Sinn. Und hat ihn ja auch!
Man erfährt es aus ihrer Kunst. Den Heiligentypus vertritt
der Auswanderer mit müd verglimmenden, ins Abendgold
getauchten Blick. Jeder Talmudweise, der im Ampellicht
über seinen Folianten gebeugt sitzt, ist ein „Hieronymus im
Gehäuse". Ihre Lieblingsgedichte sind Jeremiaden, Lobprei-
sungen des Rituales oder Wiegenlieder einer bangen Mutter,
die ihrem Kinde den Trost zuspricht: Warte, mein Bübchen,
heut bist du ohne Heimat, aber dereinst werden wir sein, wo
wir waren! Und einer der Ihren – vielmehr, da er noch
immer eine Turmhöhe geistigen Mutes über ihnen steht,

bloß: ihrer Sache – hat ihr großes Drama geschrieben; es heißt: „Ritualmord in Ungarn". Himmlische Landschaft umschließt die irdische. Gott sendet den Bösen herab. Der ruft die Dummheit und schreit ihr die Blutlüge ins Ohr. Juda leidet, rettet sich zu Bibelsprüchen und Psalmen. Und sein Lohn? Die Verheißung Kanaans. Also: die Ritualmord-hetze als negativer Ritus. Was kann solcher Art der Betrach-tung an Volkswert anderes entstammen als der Defensiv-Nationalismus?!

„Ja", sagen sie, „das ist aber alles nur ein bescheidenes Teil. Ihr müßt erst die Schwänke und Schnurren kennen, die Kleinodien unverfälschter Mundart. Ihr müßt über-haupt unseren im Osten lebenden, naiven, von der West-Pathologie unbelasteten Urjuden kennen lernen! Der ist unser Mann – an ihn knüpft unsere Hoffnung. Der verdor-bene Westler interessiert uns nicht!"

Ich habe schon Erkleckliches von ihm gehört – aber wo ist er, dieser sagenhafte, vielgeliebte Urjude? Man kratze ihn mir aus dem Boden! Verkriecht er sich vor uns, nistet in unwegbaren Wäldern? Muß man erst zu ihm reisen? Aber er reist ja, scheint es, zu uns! Im Vertrauen: Ich halte ihn für eine Ästhetenerfindung, für so etwas wie eine ins Anthro-pologische übersetzte Königinhofer Handschrift. Was lebt, muß man kennen. Ich kenne Eskimos und war nie am Nordpol. Ich kenne Menschenfresser und war nie zugegen. Was sie den Urjuden nennen, dürfte also wohl der Unkul-tur-Jude sein. Weniger pathologisch? Weil er die Gehirn-schwierigkeit der Vergleichung, Selbstflucht und Anpassung nicht kennt? Aber er kennt sich! Er erlebt roher, was sein Bruder im Westen verworren erlebt. Er schließt sich bloß enger ab, dort haltend, wo wir im Ghetto hielten. Er hat sei-nen Pentateuch, hat seinen Donnergott, seine Speisen und sein Speisengesetz. Er ist Frucht eines Eheschachers, wie er sich selbst wieder Sprossen erschachern wird. Was an ihm naiv scheint, ist Bewußtheit auf niedrigerer Stufe. Er ist eben noch zu menschenfern, um leiden zu können. Sein Tauschmittel ist noch nicht der Geist, sondern das Geld. Kein leichtes Unterfangen, sich den jüdischen Bauer vorzustellen! Ich glaub's wohl, daß es ihn gibt. Aber welcher Bauer kann das sein, dessen Gott nicht in der Scholle, sondern hoch über ihm, in nebelhafter Ferne wohnt? Und welcher Idealtypus der Bruder gleichen Blutes, dem ja bloß fehlt, was der andere durch Kampf, Denkkraft, Selbsterkenntnis für seine Gegenwart und Zukunft an Vervollkommnung gewinnt? Er ist der primitiver Kranke – punktum. Er weiß es noch nicht einmal. Aber ihn deshalb für reiner zu halten und über den Wissenden und Leidenden zu stellen, das entspräche dem Unfug des vom Zeitgeist angewiderten Ästheten, sich das Mittelalter zurückzuwünschen als Heilung der Neuzeit!

VI.

Nein – jener Urvolk-Glaube, so wichtig er dem jüdischen Nationalismus als Archivzweck sein mag, bringt uns nicht weiter!

Er entspringt dem begreiflichen Bedürfnis, ein Volkstum ohne Boden vorerst in die methodische Tiefe zu bauen. Erst der Grund, dann der Mensch, ist der Leitspruch. Aber was dabei herauskommt, vom Turnen bis zum Ölbaumpflanzen: Imitationsnationalismus. Sollte die europäische Lehrzeit des Judentums keinen Sinn haben, als daß es dort beginnt, wo die andern enden? – enden und verenden? Der Leidensvorsprung und die Gasterfahrung, bestimmt, sich in Mißtrauen gegen jede Art von Volksbewußtsein umzuwerten, das vom Besitz statt vom Menschen ausgeht, sie sollten ihm zu nichts anderem nutze sein als einem „ismus" nach bewährten Mustern? So planlos, sinnlos kann es vom Schicksal nicht gemeint sein. Dann wären freilich zwei Jahrtausende Europa keinen Groschen wert. Überdies aber ist hier das Mittel so täuschend wie der Zweck. Denn der simplere Patient kann sowenig taugliches Grundmaß der Erneuerung, Baumaterial der Zukunft sein wie etwa der Entschluß eines intellektuellen, schwachnervigen, hysterischen Westjuden, mit Heutigem geschlossenen Auges eins – zwei – drei – hopp! in Selbstbejahung und konfliktsloses Volksgefühl hineinzuspringen, schon zu seiner Änderung genügt. Ich kannte ein seltsames Ehepaar, das dieses Glaubens voll war. Sie hüpften, blauäugelten, tirillierten im Duett wie ein Mozartsches Koloraturpaar, nahmen sich das bekennerische Wort aus dem Mund und vollendeten es uni sono, sie schwangen die verschlungenen Arme wie Märchenkinder und überglucksten sich vor Freude an der gewonnenen Einfalt. Ich bin überzeugt, daß sie sich vor dem Schlafengehen im Katechismus des jüdischen Bewußtseins überprüften. Aber – – man hätte einen Revolver abschießen oder einen langgezogenen Schrei ausstoßen mögen, um die Hysterie dieser festfußenden Unbefangenheit zu entladen! Ein plärrender Adamit könnte nicht aufregender wirken, als sie es waren. Ihre Augen verteidigten sich, ihre Stimmen waren überrissen, sie konnten sich nur aneinander vorbei ins Gesicht sehen. Denn sie hatten aus Vernunftgründen eine Glaubenshostie geschluckt – ihr Glücklichsein war rationell beschlossene Sache. Aber die Vernunft hockte zwischen ihnen, blickte von einem zum andern. Ihr Lachen war leicht, ihr Wissen war schwer. Sie wußten, daß sie nie, in keiner Umarmung glückselig erblinden durften.

Warum?

Es stand hier ab ovo beschrieben.

Aber dies erkennt erst – es ist das Wichtige!

Erkennt Schuld und Krankheit des Juden und ihr dürft an Zion denken. Sofern ihr es dann noch nötig habt!

Die Schuld? Daß er, Vergewaltiger der Luft, Besitzjäger des Weibes, alle Beziehung auf Erden vergewaltigte um des Besitzes willen, sich den Staat schuf, die Ehe und als Stützpfosten: Moral und Sittlichkeit.

Die Krankheit? Daß er der ist, der er wurde. Mit des Vaters Sünde, durch der Mutter Ergebenheit gestraft. Unschön von Angesicht, unkindlich im Herzen und Betragen. Im seltensten Fall wollte sich eine Frau ihm, als dem Schoßkind ihrer Schwäche, zum Spiel geben. Er weiß es und bleibt bis zur letzten Sekunde das Wickelkind seiner Mutter. Um das Glück verkürzt, das der Schönste im Kreise genießt: ohne Mühe und Absicht, durch die selbsttätige Anmut des Menschlichen zu gefallen und von hier erst nach Gefallen zu wählen, sind bei ihm alle superlativischen Kräfte in Bewegung, um dann zuzugreifen, wo er gewählt wird. In Wahrheit sollte es kein Mensch schwerer haben und keiner sich's leichter machen als jener Schönste. Jede Nachgiebigkeit ist ein Wahrheitsverlust des Erlebens, jede Bequemlichkeit ein Irrtum, und der falsche Einsatz vereinsamt nicht nur – er rächt sich an Leib und Geist. Wie nachgiebig und bequem ist aber erst der Jude, der sich zu oft in die Ehe wie in ein Asyl der Lüste flüchtet und ein Scheinglück mit dem geschriebenen Schein bezahlt, wie falsch der Einsatz seines Verstandes! Das Mittel wird ihm am Ende Zweck. Statt jenes Geistes nämlich, den von der Blume bis zum Genius jedes atemholende

Geschöpf ausstrahlt, bildet sich ihm ein Abwehr- und Surrogatgeist, der ihm das entgangene Glück durch Wertungs- und Entwertungsmöglichkeit vergilt: der sogenannte Intellekt. Er ist der Generalschätzmeister der irdischen Barbestände, unheiter, unwahr und eitel. (Der jüdische Bekenner aber müßte sich doch vor dem Bejahen erst klar sein, wem sein Ja gilt: dem Strömenden oder Funktionellen – dem Geist oder der Gescheitheit. Vorderhand sieht er nicht einmal zwischen beiden die Grenze.) Jener Intellekt nun, bei den Juden zum Intellektualismus ausgeartet (sein Unterschied zur Geistigkeit als der Identität von Mensch und Bild wurde von Hans Blüher sinnvoll formuliert), hat vornehmlich den Zweck, dem Selbstbewußtsein Ersatzstoff zuzuführen. Daher er weniger auf Wahrheit als auf Sicherung ausgeht und nicht das nackte, selbstbemitleidende, sondern das rangsbekleidete, spiegelselige „Ich" bedient – der Inbegriff der Eitelkeit! Und doch wagt es dieses „Ich" nicht, ernstlich in den Spiegel zu blicken; es könnte sich – Schreckensspuk! – entdacht, entwortet darin sehen, bis auf die Grundzeichnung jenes im tiefen Schoß der Seele ruhenden Gesichtes, das der Tod erst heraufholt, könnte von ihm, frageverzerrt, die Frage ablesen: „Wer bist du? Was schaust du mich so an?" – und das Wort, das seine Welt ist, platzt, die Grimasse trifft der Blitz. Wie gut hat sich die Eitelkeit vorgesehen. Die Gesichter sind in dem Spiegel schon alle vorbereitet! Sie warteten friedlich, stolz, hübsch, durchgeistigt, eh' sie hinblickte. Denn nur der Wenigsten Verstand geht unbewehrt, ohne Voraussetzung und Fundvorsatz aus dem Haus. Er ist gesichert durch die Entschlossenheit, das übermästete alter ego keinesfalls dem Ur-Ich hinzuopfern.

Bei den Erkennenden allerdings kommt es zwischen den beiden zu Begegnung und Kampf. Aber wer holt sich die

Siegestrophäe? Das Wort! Natürlichste Folge, daß die Juden, die unkindlichen Ecksitzer am Tisch der Völker (unter denen ihrerseits wieder die Unschönen, geistverräterisch Intelligenten Kultur machen, Geschichte und Vorsehung spielen), in einer Kunstepoche voran sind, die sich die Entlügung des Menschen zum Ziel setzt, – daß sie für das, was sie am stärksten begünstigten und zu höchst verkörpern, auch den richtigsten Ausdruck haben. In jedem ihrer neueren Werke ringt der selbstferne Mensch um die Identität mit Gottes in ihn gelegter Absicht, kämpft einen blutigen Zweikampf mit seiner Spiegelfratze. „Der Zweikampf" heißt das Gedicht des tief jüdischen, das Rassenweh als Stolz und Stärkung aus den Saiten holenden Dichters Rudolf Fuchs, worin das jüngste Erlebnis zur biblischen Legende wird. Jakob ringt da „doppelgängerischerweise mit dem Boten Gott des Herrn", um, von ihm besiegt, von „Ekel und Grauen angesprungen", sich selbst ins Aug' zu blicken. Und ruft entsetzt:

> Komm – erblick' dich auf den Stufen!
> Gellend wirst du Hilfe rufen
> Und, vor dir in Flucht verloren,
> Was du bist, mit Augen sehen.

Und dann:

> Nicht, daß mich das Wunder schwäche –
> Bin von Wundern eingeregnet.
> Aber wer sich selbst begegnet,
> Grauenvolles Ding an sich – – –

Und wie müht sich des Dichters Werfel Kunst – darin beispielsmäßig – die Atlasbürde jenes anderen Ich von den

Schultern zu schütteln! Von jenem Gedicht an, wo er „gebückt sitzt über sich", bis zu dem Märchen vom „Dschin", dem zahnlosen Hunde „Eitelkeit", der „Legende vom Witz" (dem Speichelbläschen von Satans Gottesfreude) und dem Drama „Der Spiegelmensch", wovon ich nicht mehr kenne als den Grundgedanken, daß ein Mensch in den Spiegel schießt und dem heraushüpfenden Kobold rings um die Erde nachjagt.

Sie kämpfen, himmels- und höllenentschlossen, am geistigen Ende der Wahrheit und kennen ihren körperlichen Anfang nicht.

VII.

Ich habe vorgegriffen. Denn der Kampf ist erst von heute – wie der Mut und die Einsicht. Vordem – den Krieg zurückgedreht – gab es Folgentragende, Wirkungerkennende, die leidenschaftliche Nichtkämpfer waren. Es war die Epoche des Selbsthasses, deren Häupter einzeln, die Jünger verderbend, weil an sich bindend, noch in der Zeit sind.

Von Schopenhauer abwärts zu Wilde, Baudelaire, Flaubert, den Göttern der Jugend, war Einsamkeit als Genußquell des geistigen Daseins verkündet worden. Aber ob so gedacht oder verstanden: nicht die Einsamkeit des vor sich erniedrigten, durch Eitelkeitsverzicht freundlosen Erkenners, sondern die Throneinsamkeit der im Verstand gespiegelten Wortlust. Also nicht das Beisichsein unter den anderen, sondern das Alleinsein wie die anderen. Es ist die Gottesinsel der Unreife – der Dionysoshain der Halbwüchsigkeit. Jünglinge, vom Schrecken der ersten Geschlechtsbegegnung zurückgeworfen, das Lampenfieber des vom Trieb beschämten – durch Ungnade der Kultur beschämten! – Gehirnes nimmer zu verwinden imstande, entzweigeteilt in der Forderung des Glücks und das Unrecht der Menschen also wieder an der Einheit der Natur mit Unrecht vergeltend, bauen sich hier ihre Burgen. Die Fünfpfennigerkenntnis, daß Mann und Weib verschieden, wird die Achse ihrer Welt. Da nun einmal aber die Beziehung der Weg zur Wirklichkeit, der Kampf um sie die Mannbarkeit ist, so kreißt ihr Tiefsinn im luftleeren Raum. Sie altern und bleiben Knaben. Denklüstlinge, beleben sie unaufhörlich den von Satz zu Gegensatz schwingenden Hall. Ihre Einsamkeit, ihr Werk ist lebenslängliche Pubertät.

Der Denker dieser Gruppe war Otto Weininger, ein jüdischer Novalis (wenn man zuerst an dessen lechzendes Tagebuch denkt), der im Sand der Frühreife und des Häßlichkeitsschmerzes verblutete, heldenmütig genug, sich noch im Schultor des Lebens, das ihn nicht freigeben wollte, eine Kugel von den Kopf zu jagen. Ihr Freigeist: Karl Kraus, der, des Lehrerkollegiums spottend, mit Donnerlachen die Bordelltüre hinter sich ins Schloß warf.

Beide litten, trugen, sahen. Aber es ging nicht unter die ästhetisch-impressionistische Haut. Es war Anklage ohne Mitleid, Schuldspruch ohne Schuldgefühl. Sie erhofften von dem eiligst aus sich auf die Umwelt projizierten „Nein" eine Geisteswohnstatt und Zuflucht vor dem darunter möglichen schmerzhaften „Ja". Der eine – reiner und unbedingter – setzte immerhin unter diese Selbstverneinung den letzten Strich; er sprang aus dem geborstenen Glassturz des Denkens, den sein titanischer Pubertätstrotz für die Welt nahm, in den freiwilligen Tod. (Wie viele überlebende Selbstmörder hat er gleichwohl großgezogen!) Der andere blieb und schrieb – bis heute noch von keinem angeklagt, „quod juventutem corrumperet".

Ein widerspenstiger Knabe mußte seinen Eltern, den Ehrgeizteufel im Leib, wissender Sprößling ihres Fluchs, geboren werden, um auf jeder Stirne haßvoll das gleiche Mal zu erschauen und durch Vaterverleugnung die Knaben zu verführen. Sein jüdischer Drang war die Schauspielerei; mit Flammenglut der andere zu sein. Doch dazu war das Nirgendwo, das des Verwandlungssüchtigen Heimat ist, schon zu häuslich begrenzt. Ein Teil Gescheitheit wollte sich nimmer fügen. Er wurde diabolischer Kopist – mit Kommentaranhang. Er sah allüberall Brüder, Onkel, Schwestern, Väter, Tanten und ahmte sie mit der ganzen Grausamkeit der Scham und Selbstflucht nach. Er pumpte sich von jedem Blutsrest durch Feststellung aus dem Gesicht der andern leer. Diese Gleichgewichtsleere des zitternd, nach tausend und abertausend Seiten hin unversichert um seinen Standpunkt kämpfenden Jünglings nahm er für Reinheit. Bataillone von Dialektik mußten an seinem Bett Wache halten, um ihn vor dem Erwachen zu sich selber zu schützen. Sie hatten Sturmordre, bevor das Treffen losging.

Das Verdienst dieses Selbsthasses war nicht geringer als sein Schaden. Es räumt ihm in der Geschichte des jüdischen Antisemitismus eine epochal besiegelte Rolle ein. Worin bestand sie? Das Ohr reizbar gemacht zu haben für alle Wirkungen der jüdischen Schuld, die oben ursächlich beschrieben sind. Er war der Meisterdetektiv des latenten Jüdelns im Weltraum. Wenn es auf dem Sirius mauschelte – die Luft trug es ihm zu. Inzestmißwachs, Schachererotik, Krämpfe der Unnaivität, Überredungstonfall und die Ursprache des Speisezimmers spürte er bis in die verborgenste Ecke der Zeit und hinter dem verwirrendsten Begebnis auf. Es war, als ob die Sphären ihn ewig mit demselben Singsang hänselten. Und der Mond, der nächtlich hinter Busch und Tal aufging, fragte tückisch: Gehörst du nicht auch zu ihnen? Er mußte schreiben tagaus, tagein, anklagen aus Notwehr und das Lebenswerk eines unendlichen Plädoyers abspulen, dessen Faden mit jedem Zweifelswort und jeder Fragemiene nachwuchs. Der typischste Repräsentant des jüdischen Antisemitismus war auch sein typischster Patient.

Zweifach ist noch heute die Front, nach der er sich ohne Rast beweisen muß: gegen die Nichtjuden, daß er als Ankläger die Ausnahme ist, und gegen die Juden, weil er von ihrer Kontrolle des Ertappens und Durchschauens fürchtet, daß sie sie, in Wort und Wendung selber stark und bloß von Tat und Glauben überwältigt, duzbrüderlich auf sein eigenes Ertappen anwenden werden. Daher wiederholt er wie ein zwischen Grimm und Himmelsgelispel unschlüssiger Pfaffe bald inbrünstig, bald zeternd sein argumentengespicktes „Credo".

O über den unglückseligen Amokläufer des Wortes, der nie und nimmer stehen bleiben darf, weil die erste Sekunde des Stillstands die Gefahr birgt, daß er, von einem Erkenntnis-Herzschlag getroffen, in metaphysische Tiefen saust! Unglückselig? Wer ist glücklicher als er, der es nicht weiß? Er kann nichts hören, was ihn umwirft – er hat Wortwatte in den Ohren; er kann nichts sehen, was ihn erschrecken macht – wartet ihm doch überall huldvoll das eigene Gesicht auf. O ja – auch er hatte seinen Spiegelkampf! Das war damals, als er den vermeintlichen Blutsbruder Heine ertappte. Nur handelte es sich gerade hier um eine kleine Verwechslung; das Spiegelbild hatte sein Urbild erschaut. (Beide fern von ihrem Ich.) Aber was verschlug es?

Der Luftschaum anklägerischer Verteidigung spritzte hoch auf. Der Advokat sui ipsius, stets unruhig, angriffswitternd, die Augen scheu nach rechts und links und dann zu den Sternen emporgerichtet, ob sie nicht am Ende auch ihn meinen, mit seiner unsichtbaren Aktentasche, in der die causa „Kraus contra mundum" verwahrt liegt, führte auch diesen Prozeß glorreich durch. Kann er überhaupt einen verlieren, solange der Fall, der Gerichtstisch, der Geklagte, alles in monomanischer Luft hängt? ... Preßt einmal tausend geschriebene Seiten solcher Bemühung, auf einer Wortleiter höher zu klimmen, als die Natur es wollte, in einem Mostbottich zusammen und seht, wie viele Tropfen Erlebnis und Wirklichkeit daraus sickern — was euch als anwendbare Weisheit im Glas bleibt! Nichts als funkelnder Pubertätsgischt, Tiraden der Selbstflucht. Und wunderbar: für sie sind nicht bloß Beweispunkte und Schlüsse mobil, es dient ihr offenbar auch die vorbereitete Technik der Sprache. Als ahnte oder wüßte er's nämlich, daß der Gedanke dieser Wortflut, auf seiner Höhe und in seiner Farbe ausgesprochen, seine gemeine Herkunft verraten, sich vielleicht gar in die gänsefüßchenlose Niederung des von ihm so oft parodierten Tonfalls senken könnte, ersann er sich in früher Jugend folgendes System: Eine Handvoll Shakespeare-Klang aus dem Ohr zu nehmen und den gemeinen Gedanken dagegen zu stimmen; der fremde Resonanzboden mußte die Töne adeln. Pathos wallte im Gehör auf und nahm den sprungbehenden rechthaberischen Eifer eines Mietzinsklägers, der die Gegenrede durch alle Gassen des Witzes jagt, in sein Getös. Ja, bald waren alle leeren Textspalten der Erwiderung so vollgefitzelt, daß sich der Text auch schon seine eigene Musik dazu machen durfte — ich meine nicht die in beigelegten Notenblättern — der geschwellte Atem die schwellende Empörung, und daß die Mühsal des Aufstiegs sich durch mildes Niederwärtsschauen belohnte. (Es gibt nämlich eine Grenze der Selbstbeweisung, wo man, eine Prätorianergarde von Sätzen zu Füßen, die Sittlichkeit, die der Bosheit kontrapunktische Dienste tat, bereits mit Heiligenblick als Zweck gebrauchen darf.) Schweiß trocknen und Atem holen waren nun Güte, die strenge Rechnung Sittlichkeit und beides billigster Ertrag seiner Wortkunst. Die faunische Pedanterie, womit der Knabe seines unsicheren Gipfels achtet, gefror zum Mönchsgesicht. Dennoch blieb die unvermeidliche Wirkung: daß hier eine Kleinheit, deren Herzklopfen bis in die Ferne des Lesers vernehmlich war, mit jedem Atemzug heiliges Beben als Trumpf ausspielte. Aber wie peinlich hielt er die Kleinen an der Leine dieser Sprache, damit sie ihrem Meister nicht entwischten und vielleicht auch nur ein I-Tüpfelchen gegen ihn dächten! Das noch nicht Gedachte, an der Schwelle Keimende lag schon zu ihren Füßen. Er antizipierte die hundertste Folgerung, um sie noch sicherer zu haben – ein zauberhaftes Training für Gymnasiastenklugheit. Sie konnten sich in dem Lasso kaum mehr rühren. „Bewiesen, bewiesen!" schrien sie am liebsten mit letztem Atem. Aber seine ängstliche Heimbegleitungssprache läßt sie nicht aus. Sie begleitet sie zum Haustor. Halt! – Ihr könnt euch noch etwas gegen mich denken – rasch die zwei Stockwerke hinauf! Sie geht, periodenkeuchend, mit. Hier vor der Wohnungstür wär' Abschiedszeit? Nein, noch ins Zimmer! Und den Knaben zu Bett begleitet. Ihn entkleidet. Auf seinen Atem geachtet. Er schläft. Gute Nacht! – Der Satz kann sich empfehlen.

Was war die Folge? Daß die Jünger sich selbsttätig überhaupt nicht bewegen konnten, sondern nur noch als

Gliederpuppen seiner Suada. Sie glaubten, wer das letzte Wort behielt, müsse auch das höchste gesprochen haben, nicht bedenkend, daß er schon mit dem ersten das Gelände so niedrig angab, als er es brauchte – und mußte. Ihre Worte waren Lesezeichen. Zitate aus seinem Werk besorgten die Verständigung mit dem Leben. Keine Luft war ihnen mehr geblieben – sie saßen im Netz fest. Was hatten sie noch Bildung, Erfahrung und den Lokalaugenschein der Enttäuschung nötig, da eine aphoristische Streubüchse ihnen zu Gebote stand? Ein Geschlecht hochschultriger, kopfgesenkter, augenrollender Grünlinge kam aus seiner Schule, das am Weibeskörper seine geistige Notdurft verrichtete und die Wurstsätze aus dem Mund hängen ließ, als stickte es an der eigenen Nabelschnur. Bucklige hielten, vor seiner Hütte an der Kette liegend, Bedeutungswacht, schnappten mit den Augen nach jedem Fußgänger, der nicht fromme Einkehr halten wollte. Zuweilen auch wurde eines der Kinder renitent – aber es war zu spät. Ihrer aller Seele war hin – sie lag eingepreßt zwischen pag. 37 und 38 und konnte von dort nicht mehr aufstehen. Wachte doch selbst in den Respirien das Antlitz eines Kameraden über sie, der vom Vorzugsschüler zum spitzstimmigen Klassenordner avanciert war. – Er hatte sich ihnen restlos zu Ende bewiesen.

So verheerend kann nur Knabentum auf Knaben wirken. Nur eines Unreifen Behextheit übt so magischen Bann. In diesem besonderen Fall aber hatte es einer ganzen Generation ihre Wirklichkeit gekostet. Ihre Kraft war sterilisiert, ihr Bluterlebnis in der Mitte gebrochen. Ihr Judenweh lag brach. Aber nicht einmal der Selbsthaß war ihr eigenes Erlebnis. Denn auch darin mußten sie sich auf den diabolischen Spielgefährten beziehen.

… quod corrumperet juventutem!

* * *

Soll ich noch von den später geborenen dii minores und minimi sprechen, den unbegabten Nachfahren?

Einer von ihnen, Trebitsch mit Namen, schlägt den Rekord. Etwas von gleich beklemmender Drastik wie sein in Kurven, Schraffen, Tabellen und Wissenschaftsworten vorgeführter Veitstanz der Hysterie – mit dem Zweck: aus der Haut des Judentums in eine unbekannte, noblere zu fahren – ist kaum denkbar. Hier zerstört die Eitelkeit den eigenen Thronsitz – die Gescheitheit –, um mit der Zerstörung als intellektuellem Vorsprung sich in ein entgeistetes Feudalwesen zu verwandeln.

(... Als ob die Dummheit allein den Herakles und die Aristokraten machte!)

VIII.

Es gibt nichts so Kleingedrucktes, was der Großdruck-Wahrheit nicht hülfe.

Darum will ich bei dem Postskriptfall verweilen.

Er beweist nämlich schlagender noch als die beiden Hauptfälle, wie sehr es darauf ankommt, ob der Selbsthaß Stufe oder Plattform ist, Selbsterkenntnis oder Domizil der Eitelkeit.

Das eine wie das andere ist, sagte ich, erotisch bedingt. Der Geschlechtsisoliertheit entspricht als Weltanschauung der Impressionismus. Der Knabe, dem sich Geist und Lust nicht reimen, behüpft weltschmerzlerisch-aphoristisch das Weib, er erfindet die Antithese: Denken – Leben und wird ein frommer Gralsritter, der im Hintergrund der Szene seine

Bocksgier zeugen- und spiegellos austobt. Dann kommt er noch warm vom Taumel, und feiert mit entschleimter Silberstimme die Dirne, als ob sie ihm Weib gewesen, – weil sie stumm seiner Brunst gewährte.

Wenn er nicht an dem Gedanken stirbt, daß seine Lust kein offenes Menschenaug' verträgt und nur dem geknebelten Objekt sich zeigen darf, was kann die Menschheit da seinem Überleben danken?

Sprüche und Widersprüche.

Sätze und wieder Sätze.

Sein Erkennen reicht nicht tiefer als sein Leiden.

Es wird den anderen, standpunktsjuchzend, auf die Köpfe springen, weil er ihren Fehl erkannt hat.

Aber wird er seine Schuld an dem Fehl erkennen?

Nein. Sonst würde sein Haß gegen die Gescheitheit zu Geist – statt zu Gescheitheit. Gerade das ist aber die verhängnisvolle Folge seines impressionistischen Selbsthasses: daß er die beiden für das gleiche nimmt. Er sieht nur das Gräßliche des unliebenden Intellekts, die Grauenhaftigkeit des Ehrgeizes, Hirn mit Hirn zu übertrumpfen, eines immer behender und höher als das andere, die Häßlichkeit des Besserwissens.

Aber weil es ihm wichtiger ist, dies festzustellen, als in die eigenen Abgründe zu horchen, begreift er nicht, daß sich die Gescheitheit zum Geist verhält wie der Größenwahn der Kleinheit zur Hellsichtigkeit dessen, der einmal ohnmächtig vor sich auf den Knien lag, daß jene nichts anderes bedeutet als: Anmutslosigkeit in Überlegenheit verwandelt, dieser aber: Selbsterkenntnis zu Anmutswillen gesteigert – und verliert jeden Spürsinn. Dann ruft er: „Nieder mit dem jüdischen Geist!" und weiß nicht, daß er damit sagt: „Hoch die jüdische Frechheit!"

Was ahnt er von der wirklichen Judentragik, mag ihre letzte Ursache nun Angst vor Gott oder Herrschsucht über den Menschen gewesen sein oder etwas, das als Allerletztes, Geheimnisvollstes zu beidem der Antrieb war und jene Tragik für seine unbekannten Zwecke braucht?!

Was weiß er von der Tragik des Nichtmüssens aber Könnens, davon, daß jeder Jude eine Auswahl zwischen siebzig Leben hat und in jedem Augenblick zur Qual der Wahl verurteilt ist?

Daß er sich beim Leben zusieht, als wäre er der eigene Nebenmann seines Daseins? Daß er sich über seine Schulter ins Blatt sieht und jedes Point im Kopfe hat?

O Jude – Genie des Könnens, Stümper des Müssens – immer in der Welt und außer der Welt zugleich –

Wie spielst du, ein Don Quixote, der unter Umständen auch den Märtyrertod am Kreuz nicht verschmähte, um sich zu glauben, daß er muß, dies Spiel des Lebens mit! – –

Aber hast du nicht auf so tiefen Leidensgrund geblickt, – wie soll sich dann auch aus deinem Leiden Zukunft gestalten?

IX.

Hier muß die Beweisführung eine Weile den Atem absetzen.

Die Ursache und Notwendigkeit des jüdischen Selbsthasses war dargelegt worden; zugleich aber auch der Aberwitz, daß er Endzweck und Daseinsbasis wird.

Das war er gattungsweise bis zum Kriege; heute ist er es nur noch verschiedentlich, zum kleineren Teil von einem unkritischen Nationalismus abgelöst, zum größeren von einem des Subjekts vergessenden Sozialismus.

Er kann aber nur Vorbedingung sein. Als solche allerdings unerläßlich, ob Europa oder Zion die Losung heißt.

Denn die Sendung der Juden ist am richtigsten als ihre Aufgabe formuliert, die in jenem Selbsthaß verkapselte Schulderkenntnis auf die Völker anzuwenden, bei denen sie zu Gast sind und die – jüngere Leidensschüler der Sünde an der menschlichen Beziehung – ihrem durch uralte Prüfung gebildeten Geist widerstreben. So ist der Selbstläuterung und Selbsterfüllung einerseits der Umweg einer revolutionären Anwaltschaft für und gegen andere vorgeschritten – er ist der Sinn ihrer europäischen Verfolgung; und so macht sie, wie sie sich des Umweltkampfes gegen die ihren bedienen müssen, umgekehrt die Kampfeserstarkung – bis auf jene Wenigsten, die schon heimgefunden haben, nun erst wirklich heim ins Reich sich selbst genügender Freude und die ganz neue, auf Erden noch nicht geschaute Heimat, die nicht Scholle, Strauch und Hügel ist, sondern die Landschaftsprojektion druck- und lügenfreier Menschenliebe – zu Befreiern der Welt. Ihre Schuld ist dann getilgt, ihre Auserwähltheit bestätigt. In diesem Sinne waren sie auch die Lieblinge Nietzsches. Der große, ebenso unverstandene wie seiner Weisheit letztem Schluß noch ferne Antideutsche, dessen Herren- und Machtbegriff keineswegs, wie beflissene Prestigewächter des deutschen Hauses glauben machen wollen, Potsdamerei bedeutete und etwa eine Lobpreisung der in Gladiatorentum umgesetzten Unfreiheit (siehe Militarismus!), sondern die Verherrlichung aller aus und über sich gewonnenen Macht der Freiheit, ahnte aus ihrem Geist und ihrer Art hoffnungsbelebt ihre Sendung.

Doch was wissen sie selbst von dieser Sendung?

Mit klarem Auge – nichts.

Instinktiv – alles.

Was ihren Fall – und nicht nur diesen, sondern ihren europäischen Fall überhaupt – verwirrt und erschwert, ist die Tatsache, daß sie sich, wie jedes Volk, in zwei Menschentypen scheiden: Rentner und Revolutionär. (Zwischen den beiden freilich tänzelt als verderblichster, weil die Erkenntnisse des einen an die Bedürfnisse des anderen verkaufender Dritter der Ästhet – der Hermaphrodit der Weltanschauung.)

Der Rentner, das ist bei ihnen: der Vater. Der Familienträger. Der Staatsmensch. Genauer gesprochen: der mit der Ursünde und dem geschlechtlichen Besitzgeist Solidarische.

Der Revolutionär, das ist: der Sohn. Der Familienfeind. Der Weltmensch. Er will Sühnung der Erbschuld und eine Zukunft freier Beziehungswahl.

Die Typen sind – zur Mehrung des Unheils! – vermischt. Es gibt Väter, die Söhne, und Söhne, die Väter sind; soziale Steckenpferdreiter, die auf ein anderes Roß gehören; wackere Zunftgenossen des Radikalismus, denen erst unter der Lampe warm ums Herz wird – und Ehrenbürger der alten Kultur, die gleichwohl auf der Zukunftsliste stehen. Die sogenannten Demokraten etwa gehören gemeinhin zu den Alten. Selbst Kommunisten sind nicht immer unverdächtig. (Denn auch hierher verirren sich Briefmarkensammler, die sich auf die Wissenschaft vom Menschen geworfen haben.) Dafür kenne ich – nein, ich will nicht lügen: drüben kenn' ich keinen, der sich den Edleren beizählen ließe.

Diese ungleiche Verteilung des Rentner- und Revolutionsgeistes macht den Unterschied nicht bloß für ihre Feinde schwerer erkennbar, die ohnedies lieber an eine jüdische Ziel- und Profitgemeinschaft als an einen tragischen

Urzwist zwischen ihnen glauben, sondern auch für sie selbst. Wo sind demnach die Führer und wo die Irreführer? Welches die Gefährten im Feindeslager? Als letzte Folge der Unklarheit stellt sich ein, was ihr Beginn war: eine Verwechslung. Von altersher wurde nämlich von den Juden die Freiheit, die sie bei den andern genossen oder zu genießen trachteten, mit jener verwechselt, die sie für sich, ihren Geist, ihr Menschtum hätten erkämpfen sollen. Die Gleichheit vor dem Gesetz der Unfreien galt ihnen schon als Freiheit – mochte es vor allen andern gerade ihnen und ihrem vorbestimmten Geschick am feindlichsten sein. Auch das war historisch nötig. Als Zukunftswille ist es ein Irrtum. Und er führt bloß dazu, daß die Juden, wie seit Anbeginn ihrer europäischen Geltung, auch weiterhin ihre Anwaltschaft statt im Namen ihrer Schulderkenntnis in dem ihrer Schuld, statt für ihr besseres, für ihr schlechteres Selbst, also gegen, statt für sich üben.

X.

Werfen wir auf die europäische Geistesgeschichte der Juden einen 150jährigen Rückblick, um zu sehen, in welchen Formen sich dieser Irrtum bisher geäußert hat!

Als unter der merkwürdigen Doppelwirkung der von ein paar französischen Schriftstellern in die Welt gestreuten Denkart und des höfisch geförderten Merkantilismus die Ghettomauern stürzten, quittierten die ans Tageslicht Gelangten dieses Ereignis gerührt zunächst mit der gleichen Gesinnung, der sie es zu verdanken glaubten. Es fiel ihnen, die von den heiligen Büchern und einem gelehrsamen Vernunftkult kamen, nicht zu schwer. Sie brauchten die jenseits der Konfessionen gebotene Freiheit der Vernunft bloß als ihre Konfessionsfreiheit zu verstehen, was für andere Aufklärung hieß, als Recht zur Glaubensübung. Daher erwarben sie – nicht anders als die mittelalterlichen Hofmedici jüdischen Geblütes, die mit den Staufen unter Arkaden wandeln durften – billig den Ruf der Freigeisterei. Aber wehe, wenn einer unter den Aufgeklärten an ihre Satzung gerührt hätte! Acostas und Spinozas Geschick wäre ihm zuteil geworden.

In solchem Sinne wurden die Juden Anwälte der Aufklärung. Und im gleichen auch Fürsprecher der beiden andern in der Zeit enthaltenen Tendenzen: „Humanität" und „Toleranz". Es war das erstemal, daß sie sich einer europäischen Sache, die sie nichts oder nur bedingt – nämlich durch jene Spaltung ihres Geistes in einen berufenen und verdorbenen Teil bedingt – etwas anging, unbewußt als Vorspann ihres Privatfalles bedienten. Hätten sie es nur – jetzt und künftig! – gewußt, wie klar wäre ihnen alsdann vieles geworden, was ihnen das Auge des idealen Eigennutzes trübte! Um wieviel freier und früher hätten sie einen Kampf aufgenommen, der nur mit dem einbekannten Zweck die Richtung weisen kann! Aber sie deuteten als menschlich gewollt, was jüdisch gehofft war. Und nicht dies allein. Sie verfochten mit der fremden Sache eben auch die schlechtere, urväterlich-sittliche Seite ihres Wesens, solcherart wieder mitschuldig an einem Geist, der heute noch wie ein Sturzblock im Felde des Erkennens liegt. Ihr Schützling war „der Mensch". Stört das Wort schon die Ohren? Blickt mit geronnenem Glanzgesicht aufwärts? Gibt sich mit hallendem Tremolo in seine Lüge drein? Von dort her rührt sein Mißklang! Denn der Mensch, den die Juden meinten, war nicht der freie, gereinigte, aufgebäumte und durch höchste Forderung zur letzten Kraft gelangte Mensch, nein, im Gegenteil, der kleine, ängstliche, um Räucherflammen hockende Herr der Stube, der friedfertige und wehleidige Besitzer. Seinem Lügendasein erbaten sie Schonung und Güte, seiner Krankheit geistige Achtung. Die Humanität, die sie begünstigten, war mildherziger Menschenhaß. Sie schmückte den Kerker der lebenslänglich Verurteilten mit Blumen und Kräutern und machte den Henkern Tränenflüsse zur Pflicht. Deshalb vertrug sie sich in der Folge auch so gut mit Vernichtung, Grausamkeit, Gewalt und brachte jenes Symbol hervor, das kein Spott sich hätte besser erfinden können: das Rote Kreuz. Das Samaritertum im Krieg mußte ihr Werk sein, wo es schon früher der Krieg war. („Durch Humanität über Nationalität zur Bestialität", sagt ein Dichter.) Und vielleicht erleben es die Juden noch, daß sich unter der segensvollen Wirkung der von ihnen geförderten Humanität eine internationale Hilfstruppe bildet, beauftragt, die Opfer der Pogroms auf Tragbahren ins Hinterland zu schaffen. Dann wäre der Kreis so sichtbar gegen sie geschlossen, wie er es innerlich ist.

Der Typus dieser humanitären Epoche war Moses Mendelssohn alias Nathan der Weise, das Urbild jener in unzähligen Arten erhaltenen grüblerischen Gewitztheit, die aus tiefem Orgelbauch strömt. Der Väter-Fanatismus steht sinnend vor seinem Ahnherrn.

Zwei Menschenalter später.

Was früher „Aufklärung" hieß, nannte sich jetzt „Liberalismus". Es bedeutete etwa: Aufklärung, um einigen Widerstand im Innern vermehrt. Aber dieser Widerstand war bloß klassenpolitisch und keineswegs revolutionär. Wieder ging es um Gleichbeteiligung an der Unfreiheit statt um Freiheit. Eine viel willkommene Gelegenheit für die

Juden, mitzutun und ihren Fall nach Gewohnheit dem europäischen Ideenprozeß wie eine Zivilklage anzuhängen!

Es war die Zeit Heines und Börnes – des ersten Leitartiklers und ersten Feuilletonisten – denen die rückgewandte Wertung im Verlaufe eines Jahrhunderts wechselnd Unrecht tat. Dieses Unrecht war möglich, weil sich hier die äußeren Zeichen der Skepsis und Bejahung im umgekehrten Verhältnis zu den Naturen verteilten. Der Skeptiker Heine, mit keinem geringeren Anspruch den Namen des „Vorläufers" verdienend wie Stendhal, tauchte bis in die Tiefen der Selbstzerstörung in sich hinab, um doch an den eigenen Nerv zu kommen und jenseits des geistigen Vergiftungstodes – sei es am Jordan oder am Rhein – die Augen neu aufzuschlagen. Seine Grimasse war ironisch, witzig, flackernd; aber das Wissen dahinter viel tiefer als bei allen, die sich nach ihm aus Lebensfluch und Liebesnot in den Witz gerettet haben. Er war der große Vorläufer unserer Spiegeltragik. Gescheit wie kein anderer, empfand er die Gescheitlinge, mochten sie literarischen oder politischen Stammes sein, als beschränkt. Sein Oppositionstum schämte sich des Ernstes; es dämmerte ihm, daß es sich da um viel mehr, um Physiologisches drehe. Und Börne? Er war dem Anschein nach der Bejaher, der Enthusiast. Ganz sicher der festere Mensch. Aber diese Festigkeit verdankte er dem Namenswechsel. Er rannte aus seiner Frankfurter Winkelgasse auf den deutschen Gefühlsmarkt und suchte außerhalb seines jüdischen Wesens die Erfüllung, die jener nur daraus erhoffte. (Sagt er doch selbst: „Ja, weil ich in keinem Vaterland geboren, darum wünsche ich ein Vaterland heißer als ihr, und weil mein Geburtsort nicht größer war als die Judengasse und hinter dem verschlossenen Tor das Ausland für mich begann, genügt mir auch die Stadt nicht mehr zum

Vaterland, nicht mehr ein Landgebiet, nicht eine Provinz, nur das ganze große Vaterland genügt mir, soweit seine Sprache reicht.") Daher der Widerspruch: daß er mit dem frommeren, satzungstreueren Gemüte der Barrikadenkämpfer und Rebell war, der andere, die Väter Hassende, der resignierte Spötter. Beide schienen durch ihre unglückliche Liebe zum Deutschtum verbunden. Doch auch hier, welcher Unterschied! Börne warf sich dem geliebten Volk mit Schillerischem Ungestüm and Jean Paulscher Rührung an den Hals, ohne Überlegung, ob er dorthin gehöre und genehm sei – er dankte ihm sogar, daß es ihm das „Salz des Hasses ins Herz gestreut", das habe ihn frisch erhalten. Sein Nationalismus war eine Lese- und Gemütsfrucht; er bedachte nicht, daß Bücher nicht aus einem Volk entstehen, sondern ihm zum Trotz. Heine wußte es. Er liebte nicht die Deutschen – er liebte die deutsche Möglichkeit. Mochte er die auch sentimental auf Land und Leute übertragen, er blieb ihnen, um das Trennende noch besser wissend, beharrlich drei Schritte vom Leib.

Das mitlebende und nächste Geschlecht unterschied nicht so scharf. Es nahm die beiden in die Stickluft kleindeutscher Gesinnungshändel geratenen Irrgänger des Judentums einfach als Patrone eines Wahldeutschtums, dessen Elemente Bildung und Empfindsamkeit waren. (Welche Menschenart daraus endlich hervorging, wird man später sehen.) Es kopierte des einen Stil, des anderen Gesinnung – sie hatten sich ja zueinander wie der Stil zur Gesinnung verhalten – und setzte Goethes sämtliche Werke mit dem Begriffe „deutsches Volk" gleich. Sein ganzes Dasein war, am Feuer theatralischer Einbildung entzündet, eine Attitude auf der Rednerbühne. In dieser Epoche der schwarzgeränderten Brillen und im Oval gestutzten Schönbärte diente die Begeisterung für das Deutsche als Rassencoiffeur. Ja, selbst ein so strenger, mit Schopenhauerscher Entschiedenheit seines Richtamts waltender Kopf wie Kürnberger ließ sich am Ende vom Glanzeffekt dieses Irrtums zum Glauben an eine deutsch-jüdische Gemütsallianz und dem Typus eines beider Blut in sich einenden „Deutschhellenen" verführen.

Vorletzte Etappe:

Der Jude als Sozialdemokrat.

Das liberale Zeitalter hatte dahin geführt, wo es früher oder später landen mußte: zur Verwandlung des Oppositionsbürgers in einen Vorbehaltsbürger und endlich in den Nationalbürger. Durch die jüdische Hilfe gestärkt, schüttelte er den lästigen Mitstreiter von den Schultern. Konnte er sich auf die Dauer in einer Gesinnung beschränken, die ihren Schutzzweck für den Besitz schon erfüllt hatte? Er ging also nicht bloß über ihre Grenzen hinaus, auf eigener Gewaltbahn weiter, sondern eröffnete den Krieg gegen die Juden, die, der Gefahr solcher Entwicklung für die Vorbedingungen ihrer Freiheit bewußt, an jenen Grenzen stehenblieben. Dadurch entstand, möchte ich sagen, eine Vakanz in der Übernahme der Ideen, die als Zeitwiderstand im Liberalismus tätig waren. Hier sprang die Sozialdemokratie ein. Sie sog die jüdische Hoffnung auf, die der dritte Stand enttäuscht hatte. Eine unverdorbene, unterdrückte Klasse sollte unter dem Wahlspruch: „Wir kennen keine Konfessionen und Rassen – nur Besitzer und Besitzlose" die Sache jener Juden ins Schlepptau nehmen, denen die frühere Gesinnung keine Zukunftsgewähr mehr bot.

Aber, wird man sagen, nun waren sie doch auf dem rechten Weg? Näher konnten sie der Sendung, den Geist des Besitzes an der Umwelt zu sühnen, kaum noch kommen?

Darauf wäre zunächst zu erwidern, daß es auch dem Sozialismus im Grunde nicht auf die menschliche Beziehung, sondern auf die Existenzgleichheit ankommt, und daß er wieder nur in einer Metapher des Freiheitssinnes steckenbleibt, den Irrweg fälschlich als Vorstufe betrachtend.

Dann aber:

Daß in der Rechnung ein Loch war. Und dieses Loch unglückseligerweise die Stelle des weggelassenen Ich. Sie glaubten von sich und ihrem Judentum absehen zu können – ja, zu müssen –, um Sozialisten zu sein. Das war die Lügenwurzel. Was ging sie der Entrechtete, Mißachtete an, der es aus ganz anderen Gründen war als sie, wenn sie nicht zuvor ihr Schicksal in ein Verhältnis zu dem seinen setzten? Und wieviel war die Menschenliebe wert, die erst ihres Ursprungs und ihrer körperlichen Bedingtheit vergessen mußte, um sich in die Welt zu ergießen? (Ganz nebenbei sei hier noch bemerkt, daß die Juden, bei denen sich die Zahl der Besitzenden und Besitzlosen wesentlich günstiger verteilt als bei den anderen Völkern, den sozialen Erscheinungen, die der Besitztrieb des Geschlechtes zeitigt, naturgemäß empfindungslos gegenüberstehen müssen, solange sie von dem Urmotiv nichts wissen. Daß einer ausgebeutet, übervorteilt wird, rührt sie wenig; es war nicht ihr Erlebnis. Dieses hieß: bespieen zu werden. Gäbe es eine Partei, die sich der Bespieenen, mit Püffen und Tritten Bedachten annähme, und ihr träten die Juden bei – es wäre die natürlichste Sache der Welt.)

Die Selbstausschaltung, als Quellpunkt ihres sozialistischen Eifers, mußte aber für sie überdies zur Folge haben, daß sie, so weit von sich entfernt, die Erscheinung des Besitzes nicht in ihrem tiefen geschlechtsphilosophischen

Zusammenhang erfaßten, sondern ganz oberflächlich und wirtschaftlich nahmen. Daß sie gegen Wirkungen kämpften, ohne die Ursachen völlig zu sehen. Daher war und ist bei ihnen etwa der Haß gegen Muckertum sehr wohl mit einem Hohnlächeln über aufrührerische Geister vereinbar, die die Welt aus dem bewußten Punkt kurieren wollen, oder ihr Dringen auf Lösbarkeit der Ehe mit puritanischem Dirnenabscheu.

Nicht die Kraft, sondern die Barmherzigkeit ist der philantropische Quell dessen, der auf sich selbst verzichtet; der jüdische Sozialismus mündet also, höchst folgerichtig für Schopenhauersche Begriffe und ebenso verkehrt im Sinne ihres Schicksals und ihrer Vorbestimmtheit, ins Christentum. Was steht dem als die andere Reinform gegenüber? Die von Nietzsche und Krapotkin geschaute Urgemeinschaft der Starken.

Ich nehme als Repräsentanten dieses Zeitabschnittes Ferdinand Lassalle heraus. Nicht, weil das hier Gesagte etwa besonders auf sein Wesen zutrifft; auch nicht, weil er, von dem französisch veränderten Namen angefangen bis zu dem Ausspruch: „Zwei Dinge in meinem Leben habe ich nur gehaßt: Die Juden und die Literaten; leider bin ich beides", als kolossalischster Ausdruck jenes Ehrgeizes gelten darf, der, in den Rhythmus und Wellenschlag des großen Lebens verliebt, an der Statuenstarre der Geschichte berauscht, zu aristokratischer Höhe hinanstrebt und den jüdischen Advokatentalar als römische Toga trägt; endlich auch deshalb nicht, weil sich seine „Lebensbeichte" so liest, als ob sich der Graf von Lavagna, in den rasendsten Beteuerungen schwelgend und seine Liebe an die Meistbietende versteigernd, statt der Geliebten versehentlich dem Notar zu Füßen würfe …

116

... sondern um einer einzigen Tagebuchnotiz willen, die der Knabe Lassalle, vierzehnjährig, lange Zeit, bevor er der Gesinnungsbeau war und das Vorbild für alle, die seither ihren Stadtpelz in aufrechter, demokratischer Haltung tragen oder im Schatten Mirabeaus eine Kindesmörderin verteidigen, eintrug.

Sie lautete:

„Ich könnte mein Leben wagen, die Juden aus ihrer jetzigen drückenden Lage zu reißen. Ich würde selbst das Schafott nicht scheuen, könnte ich sie zu einem geachteten Volke machen. O, wenn ich meinen kindischen Träumen nachhänge, so ist es immer meine Lieblingsidee, an der Spitze der Juden, mit den Waffen in der Hand, sie selbständig zu machen .."

Er, dessen Lieblingsidee solches zu einer Zeit war, da noch das Unbewußte, von keinem Trug Verfälschte und Irregeleitete im Menschen spricht, wurde dann zu einem Führer und Hauptbegründer der deutschen Sozialdemokratie! Gibt es ein besseres Leitwort nicht bloß zu seinem Leben, sondern zur Europageschichte der Juden überhaupt, die eine Kette falscher Anwaltschaften war? Man sage nicht, daß sie ihre Dialektik, ihr Talmud-Atavismus in den Advokatenberuf dränge! Es ist vielmehr die historische Gewohnheit, sich der fremden, ihnen im letzten Ende feindlichen Sache als der eigenen anzunehmen. Und nennt man ihre innere Tragik den Weg, der sie von der Schuld zur Sendung führt, so muß jener Irrweg als ihre äußere Tragik bezeichnet werden.

XI.

Und die letzte Etappe?

Sie ist in der Hauptsache als Rückwirkung dessen zu verstehen, was knapp davor lag – des unheimlichen Finales nicht der jüdischen Irrtümer allein, sondern der Weltirrtümer schlechthin, worin sie alle verstaut und unentwirrbar enthalten waren und endlich in mißtönendem Wogensturz zerflossen – des Krieges.

Die Juden traten ihn an: Als Selbstflüchtige verschiedenen Stils vom Sozialisten bis zum Eigenbrötler; als Zionisten; und als Bekenner fremden Volkstums. Sie alle dachten an ihr Judentum nicht, als es losging. Im Gegenteil: Welche köstliche Erleichterung, daß sie des Nachdenkens, des So-und-auch-anders-Könnens überhoben waren, weil sie der große Wirbelwind einfach mittrieb! Welche hoffnungsbelebende Luft, an der Grenze des intellektuellen Überdrusses plötzlich dem Vabanquespiel der Geschichte gehorchen und sich als gleichwertige Untertanen des Fatums fühlen zu dürfen! Ein neues Verteidigeramt blühte ihnen: sie wurden Schönfärber der kosmischen Absicht und traten, solchem Nachweis einer Schöpfungsbalance von Natur aus abhold, in die Fußstapfen deutscher Wellenberg- und Talfahrer. Wie wohl tat ihnen dies ungewohnte Element eines Weltglaubens, durch den man aller Sorgenqual ledig werden konnte und sich nichts mehr anging! Spielball der höheren Ordnung sein zu dürfen, wenn man fassungslosen Blickes den Erdball in der Hand hat! Gleich den anderen empfanden sie anfangs den Krieg als jenes Kapitel des Zeitromans, wo es nach 50 Jahren langweiliger Psychologie endlich zu „Handlung" kommen wollte! Sie neigten nicht wenig zu Begriffen wie „Stahlbad" und

„Aufschwung". Aber das war ihrer jüdischen Erkenntnisgier zu wenig. Sie zerbrachen sich nach allen Regeln der Kosmogonie, Metaphysik und Teleologie die hohlen Köpfe der andern, die eines solchen Geistesunterbaus für ihr williges, wortloses Rekrutentum gar nicht bedurften. Die geborenen Weltdilettanten fanden sich mit einemmal in heidnischer Schicksalsliebe. Wie viele voreilige Genießer – sie hätten die Ernüchterung bloß abwarten müssen! – fielen dieser tragischen Donquixoterie, diesem Patriotismus des Datums zum Opfer! Ihre Seele brannte ihnen, froh des Anlasses, nach den elysäischen Gefilden durch.

Der Rausch war kurz. Denn kaum hatte sich der große Schicksalsspruch als kleines Menschenwerk entpuppt, da waren sie, mit dem Blick mitleidigen Wiedererkennens, die Ersten zur Stelle. Ja, nunmehr, wo es ihre Sache galt, ihre bittere, leidvolle, unnachsichtige Sache, rissen sie Stück für Stück und Griff um Griff diesem blutigen Fatum, dessen Opfer sie selbst werden mußten, die Maske vom Antlitz, nicht früher, als bis ein kleiner, verängsteter Profitmensch mit Sturmhelm als Genius der Zeit dastand. Sich selbst, ihre Voreiligkeit, straften sie durch den Ingrimm. Hatte das Weltgeschick ihre Weltfremdheit genarrt, so ließen sie hier, wo sie nicht mehr Don Quixotes, sondern Kenner waren, nicht früher locker, bis der Betrug aufgedeckt war: daß der Fatalismus schachern konnte, daß der majestätische Wille zum Schicksal bloß eine Flucht vor dem Leben war. Und wieder blieben einige zwar mißtrauensbestätigt, aber erlebnislos beim Ertappen stehen, gingen andere weiter. Wieder war die zerschlagene Welt den einen Wohnstatt, den andern Walstatt, je nachdem, ob sie beim „Nein" verharrten oder zum „Ja" hin drängten. Vorher waren sie im Instinkt zumindest einig. Der kleinste Jude sah hinter den Vorhang –

mochte er auch wegsehen. Und so mußte es ein Jude sein, der das Rachewerk des Ertappens für die andern übte. Er fing die quäkenden Menschenstimmen, die man zum „Spruch der Geschichte" fälschen wollte, für das Phonogrammarchiv der Zukunft ein. Auf wie lange, ist zweifelhaft. Denn jenes tragische Zeitungs-Vaudeville, das ich meine, eines Parodisten Gulliverwerk, ist der Zeit, die es verflucht, darin nachgeraten, daß hier ein dunstiger Atem zum Sturmhauch werden durfte, weil sein Bereich nicht größer war als der Umriß einer Possenbühne.

Die Gewitzten waren die zuoberst Geprellten. Allen andern konnte die Vergeltung „Tu as voulu!" zurufen – sie wollten und mußten blind sein. Aber die Juden mußten es nicht. Sie konnten es nur, wie sie zuvor so vieles konnten. War der Selbstmord, der der Freiheitsverzweiflung und einer heidnischen Freude an der Mitverdammtheit entsprang, ihre Sache? Hatten sie von der Privataffäre des europäischen Wahnsinns etwas zu erhoffen? So glaubten sie wohl. Vielleicht, daß für die treue Blutsgefolgschaft der Dank nicht ausblieb! Das Tapferkeitskreuz kühlte die Stelle, an der der gelbe Fleck noch brannte; es war ein Gleichheits-, kein Ausnahmesymbol. Sie machten sich – ob Zionisten, ob Wahlpatrioten – ihre Fabel dazu. Jene aus frischgebackenem Schlägergeist heraus und um auch in der Heldenlust, die jedes naiven Volkstums Sache ist, hinter den anderen nicht zurückzustehen, indem sie turnerisches Einverständnis mit dem Kriegshandwerk beteuerten; die Deutschen waren ihr Vorbild – aber leider noch mehr: ihre Hoffnung. Aus der würdelosen Bewertung ihres Schicksals nämlich, die nur nach der Tiefe der empfangenen Striemen und nicht nach innerem Verhältnis unterschied, sahen sie in den umgänglichen, weil kulturgefoppten Antipoden ihres Wesens die

Retter vor den roheren Zufallsfeinden, die in Wahrheit ihre Blutsfreunde waren. Im Westen begriffen sie besser. Dort gab es glatte Rechnungen, keinen idealistischen Trug. Dort war auch die nationale Gefolgschaft der Juden minder vertrackt. Sie kämpften und fielen als Engländer, als Italiener, als Franzosen, – zwar nicht, ohne sich zu betrügen, aber gewiß, ohne sich zu verfälschen. Der Krieg, der nicht für sie ging, ging auch nicht gegen sie. Wie anders bei den Deutschen! Hier war der Militarismus nicht Mittel, sondern Zweck. Hier war die letzte Siegesfolgerung: Entjudung. Ihr Krieg war ein Hakenkreuzzug. Wußten es die Juden nicht? Oder waren sie so verblendet? Sie wußten es, aber zu spät. So spät, daß ihr Anteil wie immer nach beiden Seiten entzweigeteilt scheinen mußte – nach der des Kriegsbeginns und seines Ausgangs. Denn die sentimentale Verwechslung des Bücherschranks mit der Realität saß zu tief; Nietzsches Schriften lagen ohne Nutzen obenauf. Da der Rentner- und Ästhetengeist der Juden noch den revolutionären erdrückte, war vielfacher Gemüts- und Staatskitt mit den Deutschen da. Ihr Auge war durch Apotheosen der Bildung bestochen, es setzte den Ritter mit der eisernen Hand den Rittern vom feurigen Geist gleich und entzückte sich an jener Figur des Soldaten, der seinen Kant im Tornister trägt. Wie ferne waren sie noch der Erleuchtung, daß desselben Kants kategorischer Imperativ einem ganzen Volk die Rechtfertigung des Habachtstehens bedeutete! Daß im selbigen Tornister die gesammelten Werke des bekannten deutschen Metaphysikers Otto Ernst ihren Platz hatten! Als sie es ahnten, machte ihre Seele: Kehrt euch! Es war noch nicht Selbsterkenntnis und doch schon der erste Schritt zur Besserung.

Viele aber gab es, die blieben unbelehrbar. Sie verstrickten sich immer tiefer in das Dickicht ideologischer Unterscheidung. Oder es floß jüdischer Großkaufmannsinstinkt mit dem Gefühlsbild eines von Goethe und Fichte beschirmten geistigen Imperiums in eins zusammen, Unternehmerdrang spannte die Ellbogen bis an die Grenzen eines eingebildeten Alls, das in Wahrheit bloß ein Bildungspanorama war, und gebar den Typus des Judäoborussen – mochte er Rathenau oder wie immer heißen –, der der Wirklichkeit soviel sittlich-ideale Brachialgewalt antat wie die deutsche Staatskunst martialisch-politische. Aber was will ich von ihnen reden? Hier ist die Lüge zu handgreiflich, denn sie geht den sichtbarsten Weg. Jenen, den sogar lachend und verachtungsvoll bereits die andern sehen. Ihr Geist reicht eben noch in die Zeit zurück, da Vorliebe und Sprachbenützung widerspruchslos nicht bloß die Staats-, sondern auch die Volkszugehörigkeit entschieden. Damals galt der Brauch, von der täglich, stündlich, minütlich bestätigten und im zwanglosen Kreis mit einem Zwinkerwort besiegelten Verschiedenheit abzusehen, das Volk in die Kulturmanierlichen und Unerzogenen einzuteilen und sich beim Empfang von Maulschellen damit zu trösten, daß einige, die mit hätten dabei sein können, zufällig abwesend waren, daß aber gerade diese Abwesenden über die Gleichachtung entscheiden. Mit solcher schulmeisterlicher Nachsicht, die in der Welt nur schlimme und brave Buben sieht, wischen sie bis auf den heutigen Tag die Stelle ab, an der sich eben ein Stiefel probiert hat, und setzen all ihr Hoffen auf Johann Wolfgang von Goethe. Wenn sie nur der nicht im Stich läßt! Aber ich will nicht grausam sein – Goethe mit ihnen! Der All-Verschleierer und All-Vergolder mag ihnen einen goldgewirkten Schleier über ihr Antlitz breiten, wenn ihnen gerade das eines Deutschen sagen will, daß es nicht ihres ist. Die Doppelfirma Gemüt & Cie. kann im Augenblick weitergehen.

XII.

So verworren und vielgestaltig war die Lage der Juden im Kriege.

Sie waren oben und unten; bei den Herren und Knechten; Verdiener und Opfer; Patrioten und Defaitisten. Aber was beim Bodenstämmling natürlich ist, macht den Fremden verdächtig: überall zugleich zu sein und die Statistik mit den gebührenden Ziffern zu versorgen.

Jeder andere wußte – ob Chimäre oder Wirklichkeit –, wofür ihn die Zeit mißbrauchte; der blutgedüngte Boden war der seine. Erschlug ihn die Bruderhand, so half das Unrecht seiner Freiheit. Warf ihn der Staat ins Gefängnis, so durfte er auf der Pritsche träumen, mit dem Kerkerbrot das Glück des Märtyrers essen. Er gehörte im schlechtesten Fall zur Zeit, wie die Friedhofstoten zur Stadt.

Und die Juden?

Welche Heimtücke ihrer Tragik, daß sie sie nicht empfanden! – teils, weil sie sich mit dem kargen Frohlocken des Fundhaschers täuschten, dem zwischen heute und morgen ein flüchtiger Gewinn blüht, teils, weil ihnen gewohnte Scham und die Ehre der Lebensüberlistung Pathos verwehrte. Sie standen gegeneinander, Bruder und Bruder. Nicht in einem Kampfreich, sondern in allen. Sieg oder Verlust ging sie nichts an. Staatssklaven letzten Ranges, hatten sie keinen Dank zu erwarten. Und ihr Trotzmittel, wo sie den Irrsinn gewahrten? Auflehnung, Hochverrat, Fahnenflucht, Emeute? Nein – es war skeptisch wie sie. Statt der Macht und Würde des offenen Widerstands: die rettungsbedachte Skepsis. (Welches furchtbare Versäumnis, da andere zur selben Zeit die Achtung des unnachgiebigen Widersachers erwarben!) Der Haß mußte sie in der Folge erst aus den

Dachlöchern ihres Witzes räuchern, um sie stellig zu machen. Sie setzten alles aufs Spiel für einen Irrtum und nichts für sein Einbekenntnis.

Aber wie soll sich der auflehnen können, der seine Blutstimme überschreit und den Sinn seines Daseins nicht kennt? Wie kann er hassen, solange er sich verteidigt?

Während den übrigen ihr Fall klar war und sie bloß auf ihr Herz zu horchen hatten, um mit dem richtigen Stichwort aufzutreten, zerwühlten sich die Juden in Selbstbefragung.

Die anderen gingen gradaus.

Sie aber – als ob Gott sie zu Verantwortlichen eingesetzt hätte für das Tun der Feinde – schnitten mit schärfsten Messern ihr Fleisch an, machten aus ihren Sinnen Sezierklingen, schmiedeten ihr Urteil in glühenden Wortessen. Sie mußten dies schwere Pensum der Ewigkeit – Krieg genannt –, als seien sie dazu erkoren, bewältigen.

Hier – in diesem Gefühl eines göttlichen Auftrags, nach dem Sinn alles Menschentums zu fragen (der sie vielleicht einst dazu verführte, sogar das Geheimnis der Natur, die Liebe, zu zerbrechen) in diesem Wächteramt, daß das geschehe, was gemeint sei, und der Gott im Menschen nicht zu kurz komme – hier ist der ursprüngliche wahre Kern ihres Seins. Ihm brauchten sie bloß treu zu sein, um sich zu erfüllen. Und welche Edelings- und Erstlingsrasse sind sie auf diesem Qualenweg gegen alle die Völker, die auf sie so geringschätzigen Blickes sehen wie das wilde Tier auf den Menschen und sich eine Weltanschauung des Wildentiertums dazu fabrizieren, wonach der dem Tier noch nähere, robust atmende, stiernackig-klotzige, herrschsüchtig-hörige Mensch der adelige und gesündere, der geistesstarke, sich selbst nahe aber ein mißratener Wechselbalg ist!

124

Doch wer die Waffe verliert, hat die Richtung seines Auftrags verloren. Wie schwer können die Juden sie finden und die Stimme ihrer eigenen Weltforderung hören, wenn sie zuvor reinen von unreinem Geiste scheiden, ihre Gescheitheit, ihre Gottesfurcht, ihre Lebensgier hassen müssen, um die Freude am Menschsein, die dann erst in Klarheit tönt, als ihrer Seele Mutterlaut wieder zu hören?! Während die anderen beim ersten Augenaufschlag in die Welt ihr bestimmtes, eindeutiges Wort auf den Lippen haben, das den Haß vor der Liebe ausspricht (da der Mensch nun einmal das Entgegengesetzte früher wittert, als was ihm gemäß ist, – der Deutsche sagt „Jude!", der Franzose „Boche!"), scheint sich beim Juden, der zur Welt kommt, vorerst ein gekrümmter Handrücken aus dem Mutterleib zu schieben, dann ein Finger, der nachdenklich auf die Stirn zurückweist; sein Wort ist nicht „Ja" und nicht „Nein", nicht Liebe und Haß, sondern Frage: Wer bin ich? wohin gehöre ich? wen darf ich lieben? wen hassen? Und er verharrt in dieser Stellung, ohne sich wie andere zu einem kräftigen Ruf entschieden zu haben, bis an sein Lebensende. Wo alles haßt, denkt er an Formeln. Er verballhornt seinen Instinkt in idealen Systemen und gibt auf die Weltfrage langatmige Antwort.

Er ist mit erblicher Verteidigungssucht belastet.

Aber mag für alle sonst der Befreiungsruf „Liebe!" gelten – er gilt natürlich für sie auch nur als Ansporn und nicht als Bezähmung und führte ja anders seitwärts hinab, zum Ideal eines christlichen Weltkrüppelheims –, bei ihm ist er vollends Lüge; den verschmähten Spender kann nur Haß ans Liebesziel bringen. Er schafft ihm Würde. Er reinigt die Sphäre von Vorbehalt und Hinterhalt. Und er bringt den Nachläufer der Menschheit zu sich zurück.

Aus der Latenz der Gegensätze hingegen entsteht der Pogrom. Es nützt nichts, auf einem Vulkan ein geselliges Kompromißtänzchen aufzuführen oder hinter einer politischen Idee das Selbstbesinnen zu verschanzen.

Die Juden taten dieses und jenes. Wie sie sich zuerst – und das, nicht aber ihr Ehrgeiz, es den Verächtern zuvorzutun, war ihre „Vordringlichkeit" zu nennen – an die Front von Idealen drängten, an der sie nichts verloren hatten, im Schweiße ihres Angesichts Kriegsdeutung ausbrüteten, wo der Deutsche, müssend, aus dem Halbschlaf sein tonmalerisch Hindenburgisches: „Drauf", „Durch", „Dran" dafür hatte, und sich durch solches Hilfswerk – und nicht durch Wucher und Profit! – dem Verdacht nutznießerischer Allgegenwart in die Hand gaben, so huldigten sie später den Gleichnissen „Aktivismus", „Bolschewismus", „Kommunismus".

So richtig der Drang jetzt war, er wußte noch nichts um seinen Quell. Daher konnte der Weg auch noch kein glücklicher sein. Immerhin war es zum erstenmal – im Einklang mit ihrer neuen Kunst – nicht so sehr die Gleichheitshoffnung, die sie zu Kämpfern machte, nicht der Familien- und Vätergeist, der in ihrem Tun rumorte, als der Haß gegen den Geschlechtssklaven, das tiefe Gegensatzgefühl ihres Menschentums zu der grauenvollen Erscheinung eines harmonisch gestaffelten, durch Grenzrechte der Gewalt stabilisierten Staatseunuchentums. Jüdische Selbstsühnung beschritt die Helden- und Märtyrerbahn. Und da erwies es sich nun, je bewußter der Kampf sich zuspitzte, desto klarer, daß hier nicht mehr mit Übertünchungen und Schönmalereien um die Tatsache eines Urantagonismus herumzukommen war, einer Feindschaft zwischen zwei Geistesarten, die so lange im Handgemenge bleiben müssen, bis eine von ihnen am Platze bleibt – die Menschheit also entweder im Dunkel dahinstirbt oder dem Gummilutscher „Kunst", den huldvolle Wohltätigkeit der Greinenden für ihre Schmerzen in den Mund steckt, ein für allemal entratend, zu paradiesischen Möglichkeiten findet.

Gibt es ein Bild, das diesen Gegensatz so duellantisch-deutlich ausdrückt, wie das Verhältnis der Juden zu den Deutschen?

XIII.

Sprach ich früher von der jüdischen Unnaivität? Erklärte sie mit der Befangenheit des Geschlechtstriebs und diese aus einer Moral, die das Weib mit allem Zubehör poetisch-empfindsamer Verschnörkelung dem Mann unterwirft? Schilderte den Staat als eine Kraftsumme von Resignationen?

Nun – ich hätte dies alles von einem einzigen Volk noch sagen können: den Deutschen.

Sie sind vielleicht nicht ganz so strangulierte Familienwesen wie jene; denn ihr Machtdrang ist stärker als ihr Mitleid. Aber ihr Glaube an die Familie ist gleich krankhaft und sklavisch, er entquillt auch hier nicht der Mutterfreude, sondern der Vaterangst und dient der Habe, nicht dem Sein. Daher weiter der Sinn für Humor – als einem Zimmergewächs des Verzichtes – und die Lampenfreude ihres Gemütes. Die Verdrängung (im verpöntesten Wissenschaftssinne) ist ja immer der saftigste Idyllenboden – ein reiner Zufall, wenn der redliche Tam, auf die Postille gebückt, zur Seite des wärmenden Ofens, das weißgehäubte Mütterchen noch nicht erwürgt hat (aber vielleicht wird dafür der Sohn des braven Alten einen Lustmord begehen).

Die Familienmoral – und was zu ihr führt nicht minder, als was aus ihr stammt – ist der Gemeinbesitz der Deutschen mit den Juden, die Quelle ihrer Gleichheit in vielen Eigenschaften.

Ich zähle davon auf:

Daß sie, wie bekannt, dem Auslandsauge von eh und je als Prototyp tollpatschiger Unsicherheit und verlegener Frohsinnsmarkierung erscheinen. Sie sind eben auch aus dumpfen Brutnestern ausgekrochen, spüren die Vaterhand im Genick und spazieren als Dilettanten im Freudental des Lebens, von der Sehnsucht verzehrt, unschuldige Gespielen der Völker zu sein. Was immer sie tun – vom Schabernack bis zum Kuß –, der Vorsatz äugt daraus hervor, es setzt sich mit einem sichtbaren „Nu woll mr mal!" in Bewegung. Ein Doppelpunkt trennt ihr Fühlen und Treiben, den ihre Seele nimmer überspringt. Habt ihr schon die verlegenen Gesichter deutscher Burschen gesehen, die einen Jux aufstecken? Erinnert ihr euch noch des Witzblattbildes (aus der besseren Zeit), worauf ein deutscher Bürger sein Ehegemahl mit der Anrede in seine Arme zu schließen schien: So laß uns denn alle Anstalten treffen, daß vereinte Sinnenlust uns einen Sprossen beschere!? Oder habt ihr einmal die Figuren eines Festzugs betrachtet – hier stock' ich schon, denn ich denke daran, daß sich in solchem Firlefanz der Wunsch des Ungereiften, ein Bild zu stellen und sich etwas vorzugestieren, am liebsten äußert –, mit welchen beklommenen Lustigkeitsmienen sie dreinsehen, als ob sie nur des Gedankens voll wären, daß jetzt alle Blicke auf sie gerichtet sind, wie wenig sie mit Selbstverständlichkeit heiter zu sein wissen, wie die Mädchen sich, die Gesichter vom eigenen Geschlechte abgewandt, in einem steifen Eiapopeia wiegen, – und dann das Treiben eines Volkes dagegengehalten, des-

sen Frohsinn aus unverstopftem Geschlechtsborn quillt?! ...
Sie sind unnaiv wie die Juden. Nur ist diese Unnaivität naiver (weil jünger). Sie setzt sich in äußeren Wahn statt in
inneren Schmerz um. Wenn ein Mann, der an seinem Stiefel
einen Kotrest herumträgt, die mißbilligenden Schnupper-
blicke der Umgebung auf sich zieht, so kann sich eben zwei-
erlei als Folge ergeben: entweder, daß er trotzig mit ver-
schränkten Armen sitzenbleibt und bis an die Zähne gerü-
stet fragt: „Wer will mit mir anbinden?", oder daß er verlegen am Teppich herumwischt, sein böses Schicksal verflu-
chend.

Nächste Ähnlichkeitsfolge:

Daß ihnen der Instinkt der Umwelt feindlich ist. Wie
haben sich die Deutschen abgemüht, hinter das Geheimnis
dieses Hasses zu kommen, mit welchem Schülerfleiß
bemächtigten sie sich des von Europa hingeworfenen
Themas: „Ursachen des Deutschenhasses"! Und es war doch
einfach nichts anderes als Antisemitismus, was gegen sie
revoltierte – mochte seine Lesart diesmal auch „Antibochis-
mus" sein. Eine sonderbare Fügung ließ sie die ganze
Gefühlsskala der Verschmähtheit – Selbstverdrehung,
Versöhnungsdrang und Liebedienerei – durchlaufen, durch
die sie grundsätzlicher und heftiger als alle übrigen Völker
die Juden peitschten. (Und wieder kennzeichnend für diese,
daß keiner sich erhob und sagte: „Da habt ihr's – das ist es",
sondern daß sie sich ihr Gehirn zermarterten, um ihnen bei-
zuspringen.) Was diesen Antiteutonismus aber vollends zum
Ebenbild des Antisemitismus machte, war, daß er dem
Geruchssinn und der Witterung eines Andersseins, das die
Gefahr eines Anderswollens in sich schloß, nicht bloß entstammte, sondern nur beim Einbekenntnis solcher Herkunft berechtigt, in jedem anderen Fall, also mit Philo-

sophie, Politik oder Wirtschaftsdoktrin verquickt, schon Lüge und Unrecht war. Den Deutschen schien das so wenig glaubhaft als für ihren Fall den Juden. Wie bei ihnen etablierte sich eine Anpassungswissenschaft an die Verhaßtheit und wie sie wurden sie aus dem Übereifer ihrer Scham zu Windfängern jedes politischen Lüftchens, das irgendwo in Europa über den Boden strich, zu pathetischen Auslöfflern jedes Brockens, der in ihre Suppe fiel.

Dritte Folge:

Selbstkontrolle und Selbsthaß.

Sie kleideten zum Schmerz der Puristen, die hier die Stelle der jüdischen Nationalisten vertraten (dem gleichen Irrwahn verfallen wie diese), ihren Geist gern in französische, englische, italienische Lappen und tanzten mit Bärengeschick nach der Menuett- und Tangopfeife, die der jeweilige Zeitgeist anblies, – immer ein Auge nach dem europäischen Parterre gerichtet, ob sich die dort nicht die Bäuche vor Lachen hielten. Sie versuchten vegetatives Leben zu kopieren, während sie nicht davon loskamen, dieses Leben als Exerzitium zu betrachten und auf der Erde der Begrifflichkeit zu kriechen. Wer weiß – vielleicht war ihr Ohr gegen das Wort „Deutscher" nicht minder reizbar als das jüdische gegen das Wort „Jude"; vielleicht rührt sogar von dieser Betroffenheit die Eigenschaft, die man als Schnoddrigkeit bezeichnet. Jedenfalls war der Selbsthaß ein Stück ihres besten Geistes. Er gehört, mehr zu Scham als zu Forderung ausgebildet, schon Goethe an, findet sich ausgesprochener bei Schopenhauer und endlich schöpferisch-vollendet bei Nietzsche, den ich den Kraus unter den Deutschen nennen würde, wenn dieses Wort nicht Reziprozität gestattete. Das erhabene Trauerspiel dieses Ingeniums war es, daß sein Selbsthaß Ausblicke hatte und sich zwischen Sturm und Hafen am Treibfloß des Wortes festhielt. Aber sein „Nein" war unbedingter. Wenn er etwa, wie aus einem Brief an Overbeck hervorgeht, vor Freude aufhüpfen möchte, weil ihn die Kellner der Turiner Gastwirtschaften für keinen Deutschen halten – wer wäre da noch anders an seiner Stelle denkbar als ein Jude?

Weiteres Ergebnis:

Sie wurden die Orakeldeuter unter den Völkern und zehrten sich für sie in metaphysisch-abstrakter Bemühung auf. Europa lebte – Germania dachte. Es stapfte so schwer in den Eisenschienen seiner Sittlichkeit, daß ihm der Gott der Sorglosen nicht genügen konnte. „Es war der Herr von Absolut, das heißt, es war der alte Jud ..." Der Hang zur Unfreiheit mußte durch Kompendien aufgewogen werden, Selbstverzicht und Unterordnung im Widerstreit zur unbändigen Natur zeugten die philosophischen Systeme. Wenn man diese Schöpfungen des deutschen Geistes physiologisch unter einer Hand kennzeichnen wollte, man müßte sagen, daß sie allsamt gigantische wortandächtige Konstruktionen zur Bestreitung einer einzigen Lüge – nämlich der sittlich-beschönigten Unnatur – sind, die vielleicht ein künftiges Zeitalter, mit einem Ruck von der Kette schnellend, auf einen großen Synthesen-Misthaufen wirft. Klingt es euch sehr lästerlich, ihr Bücherschrankhierarchen? Ich beuge mich denn in Ehrfurcht vor der Höchstleistung der menschlichen Vernunft, die sie hier aus Freiheitsangst vollbrachte. Besseres wird nimmer aufgeboten werden, um den Geist in seinen alten Grenzen zu bannen. Aber auch nichts, was ihn weniger ahnen lassen könnte, daß die Grenzen überschreitbar sind.

Der Bildungsostrazist, der die Wirklichkeit einer Phantasielandschaft apriorischer Einbildungen unterwirft und mit

131

dem Entschluß ins Leben zieht, daß sich das Widerspruchsvolle nicht aus sich heraus löse, sondern in ein harmonisches Endbild lagere, ist darum ebenso eine deutsche wie eine jüdische Erscheinung. Sie sind, bis auf den Vollbürtigkeitszweifel, auch in bester Eintracht. Wissen sie doch, daß unter dem Schutzstern der Namen Kant und Hegel die Geschäfte am besten gedeihen.

Sind Deutsche und Juden solcherart in der Geschlechtsanschauung und deren Umbildungen zu Geist und Macht verwandt, so ergibt sich als letzte Analogie: daß trotz mancher Verschwommenheit im Einzelfall in keinen zwei Völkern der Rentner- und Revolutionsgeist so polar geschichtet ist wie bei ihnen. Der stärkste Druck muß den stärksten Gegendruck zeugen. Aus hartnäckigster Auflehnung wird das revolutionäre Genie geboren, – in der Gegenwart so unbeliebt wie in tausend Jahren (wenn es dann auch, wie's ihm von gebildeten Patrioten noch immer geschah, in einer grandiosen Sammelimpression des völkischen Wesens mitverrechnet wird und den gleichen Kreaturen zur Bekräftigung dienen muß, die es tödlich gehaßt hat). Dem stärksten Beharrungs- und Bewahrungsstreben entsprach also auf beiden Seiten von jeher der unbedingteste Protestgeist. Die Heimat Bismarcks, Treitschkes, Wilhelms, Hindenburgs, Thomas Manns und August Piesekes mußte auch Nietzsches, Wedekinds, Büchners und Liebknechts Heimat sein; das Volk, das Moses (den Marx des Eigentumsrechts), Walter Rathenau und den Wunderrabbi von Sadagora hervorbrachte, auch Marx, Spinoza und Rosa Luxemburg hervorbringen. Und wie Deutschlands Auserwählte den Haß der im Lügengebälk ihres geistigen und leiblichen Besitzes Bedrohten so ingrimmig gegen sich aufstachelten, daß sie in Höllen der Unduldsamkeit geröstet, von Soldatenfüßen zer-

132

trampelt und bis ins zehnte und zwanzigste Glied verflucht wurden, so hatte es der freigemute Jude zu büßen, wenn er sich nicht unter das Joch der Satzung beugte. Die königlich preußische Amtsvorladung an den größten deutschen Dramatiker wegen „Verbreitung unzüchtiger Schriften" war desselben Geistes wie das rabbinisch-niederländische Interdikt über den größten jüdischen Denker; die furchtbare peitschende Schmach aber, die seinem Vorgänger Acosta widerfuhr – vor den Verachteten knien zu müssen –, ist vielleicht mit nichts besser vergleichbar als dem deutschen Kriegsbrauch, Männer, durch deren Brillen ein Besserwissen sah, zur Reinigung des Schuhwerks heranzuziehen.

XIV.

Soviel Ähnlichkeit – und dennoch Haß und Gegensatz?

Ja – da sich doch niemand stärker haßt als zwei Brüder desselben Fehls, die nach verschiedenen Seiten streben.

Es ist – vom ungleichen Schicksal abgesehen – nur ein Altersunterschied zwischen den Brüdern. Aber wieviel macht dieser Unterschied aus! Der Ältere ist wissend, der Jüngere wagend. Der Ältere abgebrüht, der Jüngere trotzig. Der eine: Schwächling, aber Mann, der andere: Kräftling, aber Knabe.

Auf diesen Gegensatz läuft zuletzt alles hinaus.

Der Deutsche kämpft um das ideale Weltbild seiner Lüge – der Jude bereits dagegen. Jener möchte in der Wildnis der Verblendung herumschwärmen, als ob er heute noch eine Bärenhaut um seinen Leib geschlungen trüge und nicht schon Mühe hätte, nichts zu sehen; dieser will sehen. Was sich im Geschlechte so ausdrückt: daß bei den Deutschen der Wahn des Mannes dominiert, bei den Juden das Unglück des Weibes. Und physiognomisch so: daß jeder Deutsche wie sein eigener Vater aussieht und jeder Jude wie seine eigene Mutter.

Wahn? Unglück? – sind sie genugsam erklärt? Vielleicht hat man das Gewaltmotiv, von dem diese Schrift im Anfang handelte, durch die biblische Erläuterung in zu philosophischem und hochtrabendem Sinn verstanden.

Ich will bürgerlicher rekapitulieren:

Aller Wert und alles Glück beginnen jenseits der idealen und freien Vereinigung zweier Menschen. Ideal soll heißen: ohne Scham, Gewalt und Verstellung. Frei soll heißen: ohne Hinblick auf irgendeinen sozialen Zwang, ohne Hemmung und unverdorben durch die Anpassung an die bestehende Unfreiheit der Geschlechter. Alles, was hinter dieser Möglichkeit liegt – und wäre es die keuscheste Gattenliebe des tugendbrünstigsten Zuwarters –, ist Schweinerei. Sexuelle Gehversuche, zu Schicksalen ausgewachsen und mit Recht so geahndet! Oder im besten Fall Verwechslungen angenäherter Sprechkomplexe mit seelischer Beziehung. Solange Mann und Weib nicht den heroischen Eigensinn zum Glück haben und, unbarmherzig gegen ihre äußere und innere Unzulänglichkeit, dennoch mit keinem Gnadenabfall vom Tisch der Liebe vorliebnehmen, sondern ihre Hoffnung in Traumtruhen versenken, für Tugend halten, was ein Preistarif auf dem Markt der Geschlechter ist, und in den grundeinfachsten Vorgang der Natur Zeremoniell und Pathos hineintragen – so lange kann ihre Paarung nicht viel Besseres sein. So lange gilt das Wort „Eine Frau besitzen“ oder „Einem Mann gehören“. Wer aber den Heldenmut zu dieser höchsten Forderung an sich und die Welt hat – der ist Mann. Er wird es an den Widerständen, die ihm die Kultur darin bereitet.

Hier erst fängt der Idealismus an. Hier die Sittlichkeit. Hier das reine Menschenwerk. Und nur der an die äußersten Widerstandsgrenzen jenes Mutes gelangte Mensch kennt den Wert der Freiheit – er weiß, wo sie endet, und weiß, was mit ihr zu beginnen.

Wie steht es nun in all dem mit den Deutschen? Traurig, traurig, ihr Lieben!

Sie sind noch immer auf dem Punkt, sich jeder Sinnenregung zu schämen, die pathetische Zweiteilung der Liebe in a) der Leib und b) die Seele vorzunehmen und jenen ins „Blaue Ferkel" zu tragen, während sie mit dieser auf den heiligen Augenblick warten, wo sich eine blondzöpfige Jungfer aus dem Stamme der Käthchen und Gretchen, die des jungen Goethe Blut erhitzten, in der Jasminlaube an sie schmiegt.

Diese widernatürliche Unterscheidung ist die Folge eines Sittengesetzes, das zur Befestigung des männlichen Besitzrechtes über das Weib – siehe Wedekinds „Totentanz"! – dem natürlichen Trieb mit einem „Du darfst nicht!" begegnet. Was aber daraus hervorgeht, wieder unglückselige Zweiheit, nämlich: die Forderung, daß das geschändete Objekt, das nicht mehr Lebensgespiele vom anderen Ufer seines Geschlechtes her sein kann, männlicher Gefährte sei, die Idealisierung des Geschlechtseigentums zur Kameradin des Eigentümers und am Ende Lebensrache für die Enttäuschung, die jener Forderung blüht, – in Gewalt umgesetzte Trauer über die Inkongruenz von Geist und Sinnenlust.

Das ist das deutsche Urproblem. (Die Slawen etwa kennen es nicht.)

Das Weib, das diesem Sittlichkeitsgrund entstammt, zuerst Versuchskaninchen knabischer Unreife, später thronende Huldin einer gegen sie gerichteten Weltanschauung der Selbstflucht, wird Heldenstrumpfwirkerin, Frau vom Meere, Penthesilea mit Keuschheitspickeln.

Der Mann: ein Bartknabe. Sei es, daß sich seinem versittlichten Unerlebnis als reinste Form der Beruf eines preußischen Oberstaatsanwalts findet oder, weniger deutlich, der eines Heerführers, Feldwebels, Kerkermeisters, Universitätsprofessors für alte Sprachen und Geschichtsforschers.

An seiner Wiege steht die Autorität – versinnbildlicht durch Vater, Lehrer, Obrigkeit. Sie, die selbst schon das Produkt des Machtwillens ist, trägt – nach Otto Groß – die Schuld, daß sich die beiden angeborenen Triebe des Menschen, der Beziehungstrieb und der Wille zur eigenen Persönlichkeit, an die Mauer eines starren Gegendiktats stoßend, krankhaft verfälschen, ihre Richtungen verlieren, teils sadistisch und teils masochistisch entarten, so daß der Mensch am Ende will, was er wollen muß, einsam wird und aus dieser Einsamkeit des ewig verwehrten Welt-Du heraus Spieler und Spielball der Gewalt. So entsteht dann nicht allein der von Heinrich Mann verewigte Typus des deutschen Untertans, – sondern, wie ich glaube, der Deutsche schlechthin.

Das Um und Auf seines Wesens ist: Puerilismus. Aber wäre er doch ein Parsifalscher oder Achilleischer Knabe, trotzig nach außen, weil nach innen, kühn, weil unbefangen! Er ist in Wahrheit ein schuldbewußter, in jedem Augenblick auf seines Wunsches Schleichweg ertappter Knabe, in Sturmhelm und Harnisch vor sich fliehend – wohin? – in Krieg, Macht, Eroberung. Er desertiert in den Heldentod. Er stürzt sich in Bordellbacchanale seines Unerlebens. Er entzückt sich an der Vorstellung von

Harmonieapotheosen und Gleichgewichtspanoramen, in die sich die Welt der Gewalten auflöst, und vergnügt seinen kindischen Sinn daran, Komparse dieses Gemäldes, Schildknapp nach oben, Herr nach unten sein zu dürfen (daher die Freude an Band, Kappe, Kostüm und Klirrschritt), oder fühlt sich, wenn er den vertrackteren Typus darstellt, als geistigen Zentralpunkt dieser Welt, deren Aufgabe es sonach ist, der Einsamkeit einen bedeutenden Umkreis zu geben (... und wird in diesem Fall Träger des frechen Parvenueideals, das die Glücksverhungerten mit Rembrandtbildern, Beethovensonaten, Goethegedichten und den übrigen Werten abspeist, die seiner einsamen Zelle den Teppichbelag geben). Je nach diesem Unterschied grassiert er als Schreibtischmönch oder Spielplatzknabe.

Wenn nun aber einer käme und wollte den Knaben zum Manne machen? Verlorene Müh'! Er klammert sich beflissen an die Vogelschaubilder der Schulzeit – symbolisiert in der Landkarte seines Vaterlandes, kolorierten Schlachtbildern und im Rohrstab des Lehrers – er will der ewige discipulus mundi sein. Diesen Illusionismus hält er für Idealismus – den Idealisten aber, den Kämpfer am Ende seines Selbst, für einen Zerstörer und Sonnentrüber. Wohin, denkt er, sofern er denkt, käme es mit der Menschheit, wenn sie sich der Zuchtfesseln entraffte und dem Sinnentrieb, von keinem Statut der Sittlichkeit gebändigt, folgte? O Knabenphantasie erwürgten Sehnens! – Unflatfolgerung verdrängter Lüsternheit! Was sich hier nach dem Sittenkodex des Deutschtums „Hemmung" und „Willensverzicht" nennt, ist Hinabstoßung des Menschlichen in ein Traumverlies, Vergewaltigung der freiströmenden Natur. Irgendwo las ich, daß sich der echte Deutsche erst nach der Vermählung am „Liebesgenuß" erquicke. Vermag der himmelsvergessendste Wüstling ein Wort zu finden, das diesem am Zittern schmatzender Keuschheit, an der Unappetitlichkeit verlegener Begier gleichkäme? Hemmung, Kraft des Verzichtes! Edle Worte aus dem philosophischen Masturbantenschatze! Der Erfahrene, im höchsten Betrachte zum Mann Gereifte weiß, daß die Hemmung, die die Welt in Grenzen halten soll, von anderer Art ist: nämlich ein natürliches ökonomisches Prinzip der Auswahl jenseits der Gewähltheit, Niveauverpflichtung der Freiheit, Ehre des selbstbewußten Geschlechtes. Euer vielgeschmähter und schlecht gelesener Wedekind, den ihr begreiflicherweise mit den Juden in einen Topf werft, hat es euch gesagt: Aus dem verschütteten Vulkanboden der Moral wächst Jack der Bauchaufschlitzer. Eine Kultur der Freiheit würde im letzten Jahrtausendergebnis keine Gatten, aber auch keine Lustmörder kennen.

Der Schülermensch, dem die Welt kein Spiel der Expansionen, sondern eine Staffelung schöner Bilder ist, der nie die Bahn des Eigenmutes schritt, kann weder an dieser noch an der Freiheit überhaupt interessiert sein. Das bedeutende, viel zu unbekannte Nietzsche-Wort kommt mir in den Sinn (es sollte Inschrift aller Lehrzimmer, Sitzungssäle, Revolutionsbuden, insbesondere aber Schlafgemächer sein): „Frei – wovon? – was ficht's mich an! – Ich frage: Frei – wozu?" Ja, wenn er nur wüßte, wozu ihm die Freiheit nütze sein könnte! Seine äußerste Errungenschaft ist, frei zu sein „von". Den Geßler ermordet er euch, wenn's sein muß, im Handumdrehen. (Heute auch nicht mehr.) Sagt dem König Philipp Binsenwahrheit ins Gesicht wie ein auf die kraftspendende Rückenlehne eines Sessels gestemmter Parteiführer. Darin erschöpft sich aller Vorbehalt seiner Sklavenwilligkeit. Nun wird er frei – für den Dienst; kriegsgepanzertes Schuldbewußtsein der Lust! Stahlschimmernde

Verquältheit des Triebes! Und schafft seinem Knabentum, vom Barte angefangen bis zu Metznerscher Troglodytenwucht (dem Bart in Erz) und Wilhelminischer Politik, einen Überbau von Männlichkeit.

Er wird der Staatsfatalist, der er ist, Verherrlicher seiner Schicksalsohnmacht, Ensembleselbstmörder aus Passion.

XV.

Das ist sein Wahn und Weh.

– Die Juden dagegen?

Sie sind, wie ich sagte, in beidem gealtert. Der Schmerz des mißbrauchten Weibes gibt ihrem Gesicht den Mitleids- und Neugierstempel. Weiblich in ihrer Sehnsucht nach gewaltloser Paarung, weiblich auch in der instinktklugen Schmiegsamkeit ihres Triebes, stehen sie eben darin dem Ideal des Mannestums näher als alle lautenschlagenden Thusneldenräuber mit Sockenbändern. Und da die Frau es ahnt, wird die Hassesfront zwischen Juden und Deutschen, weit öfter als diesen lieb ist, durch Liebeswahl durchbrochen.

Ihr Leitsatz: ανδρωπς ο ηεγιστος. Oder wie Altenbergs schlagender Trivial-Lakonismus es sagt: Sie wollen, daß dieses Kapital Leben sich mit 100% verzinse.

Warum?

Weil sie – zeitloses Gleichnis ihres irdischen Schicksals! – wissen, daß dieses Kapital nicht ihnen gehört, daß es ihnen die Natur wieder endgültig abnimmt. Wie sie, zu Reichtum gelangt, aus tiefstem Mißtrauen in ihre Seßhaftigkeit, das Gewonnene genießen und sich so oft, statt es seelenruhig, vor dem Auge des Neides sicher, in den Grund der nachgeborenen Geschlechter zu verscharren, mit Tand behängen, so läßt sie das Mißtrauen in alle Diesseitsdauer mit verdoppelter Inbrunst am Halm des Lebens saugen. Das Leben ist ihre gottgestellte Pflicht, im Leben die Himmelslösung und ihre Religiosität – ganz anders als ihre Religion! – das Gefühl, hienieden Gottes Geist erfüllen und dereinst berichten zu müssen, wie weit sie ihn erfüllt haben. Bereiten sich die anderen auf die Antwort vor: „Ich habe mich dir gespart!" so will sie bei ihnen – wieder fernab von Christlichkeit oder niederer Gier – lauten: „Ich habe dich gelebt."

Sie wollten ihn leben, und sie haben ihn durch Angst und Dünkel verleugnet. Aber sie haben es zutiefst gebüßt und sind von allen die einzigen auf dem Wege, sein Recht wiederherzustellen.

Um wieviel schwerer haben es die Bejaher, den Verlockungen der Bejahung auszuweichen – den hohen Sinn des Lebens mit seiner sinnlichen Ausbeute nicht zu verwechseln!

Gerade sie irren am weitesten vom Weg ab – bis dahin, wo die Welt ein entgöttlichter Glanzmist wird.

Nur eines bleibt, trotz Wandel und Verirrung: der Wille zur Freiheit.

Wem scheint es da verwunderlich, daß der Umwelt angst und bang wird?! Daß sie, im jüdischen Gesicht die unfehlbare Zukunft ihres eigenen erspähend, die ahnungslosen Wächter und Mahner haßt?! Daß sie als hämisch und lustvergällend die Allgegenwart des Zeugen empfindet, dessen Auge jede nicht aus der Freiheit blühende Lust bezweifelt, ihn selbst aber als Appetitverderber ihres heroischen Selbstmordes, als Störenfried ihrer goldschimmernden Lüge? (Denkt doch nur daran, wie genant uns die Japanergesichter in den Straßen Europas sind! Sie scheinen etwas zu belächeln, und wir wissen nicht, was. Als wäre eine List unter ihnen abgekartet, wie man Europa bequem in die Tasche steckt und mühelos heimbringt. Empfindet der Jude ihr Zuschauergesicht nicht vielleicht ähnlich wie der Deutsche die jüdische Visage, die zu seiner Gesundheitstheatralik und seinen verlegenen Festzugshumoren ganz unbewußt „nein" sagt?)

Hier ist, unmittelbar aus dem Gefühlsquell gegriffen, die Formel für die Feindschaft zwischen Juden und Deutschen, den beiden fernst Ausgeschrittenen auf der Irrbahn ihres Wesens, die sich dafür um so inniger im Kampf gegen die eigenen Väter, die auch des andern Beherrscher sind, treffen.

Wie gerne hätten die Deutschen diesem Zwiespalt endlich einmal eine höhere Sprache geliehen, ihn mit Geistesmitteln verteidigt – wäre ein so barer Widerspruch nur möglich gewesen!

Ja, doch – er war es.

Herr Thomas Mann, Romancier en gros, Kunstanachoret mit Taugenichtslächeln, Sprachprokurist der Selbstflucht, hat es im Schweiße seines Angesichts gewagt.

Ich habe den Irrtum für mich, ich darf es sagen. Fähig, zu lernen und, belehrt, alte Standpunktsbilder zu zerschlagen, setze ich mich zu einem Urteil in Widerspruch, das ich einmal, als die Welt sich noch um Standpunkte drehte (gleichgültig, ob es die meinen oder Herrn Manns waren), aussprach. Obzwar – Irrtum? Ich sah damals schon richtig, wenn ich mich gelegentlich der Novelle, in der ein Mann vor einem berückenden Knabengesicht in die Cholera flüchtet, gegen eine Kunst aussprach, die aus dem Entgang des Erlebens Wortsäfte zieht und aus der Angst vor der

Wahrheit der Dichtung Schleier webt. Dies Grundmotiv ist ja seither geblieben – hier wurzelt der Politiker Mann, der sich einen Unpolitiker nennt.

Sein Buch war eine Hilfsleistung ersten Ranges. Es hatte dem Volk gegeben, was es brauchte: einen Nietzsche für Strohköpfe.

Was war darin gesagt?

Nichts, wovon hier nicht schon behauptungs- oder andeutungsweise die Rede war – ob ich nun vom demutslosen Intellekt sprach, der sich niemals ohne Vorbegriff und Fundentschluß aus dem Haus wage, ob von der Apotheosenlust deutsch-humanistischer Gehirne, dem Parvenuegeist, der die Leidenden mit dem Hinweis auf Goethe und Beethoven regalieren möchte oder endlich den Synthesenkrempel, der sich dem Deutschtum an Stelle einer einzigen Wahrheit ins Endlose schichtet.

Denn Thomas Mann, sein Wort an den „Zivilisationsliteraten" richtend – ich erlaube mir, den Begriff als Metapher zu verstehen und eigenmächtig „Jude" dafür zu setzen, da nach Abzug der Juden ohnedies einzig Heinrich Mann, der edle, spirituelle Schwärmer, übrigbliebe – ruft aus vierhundertseitigem Dickicht: Wir sind Weltfatalisten, bereit, in Schönheit höherem Willen zu gehorchen, nach unserer Pflicht und unserer Art zu leben und, sei's drum, auch zugrund zu gehen – und stört uns darin nicht, ihr beweglichen Tummelbrüder, denn wir haben die Aufgabe: Metaphysik, Literatur und Musik hervorzubringen! Wir sind keine Demokraten – wir sind Individualkettenträger. Wir sind erhabener, erlauchter, schwierigster Dissertationsstoff!

XVI.

Sehr gut! – Aber hier wäre manches zu vermerken.

Zunächst in literarischer Hinsicht:

Thomas Manns Buch ist dickleibig.

Dickleibige Bücher haben bei den Deutschen immer einen bedenklichen Anklang. Man muß sie nicht wörtlich nehmen, denn es dauert zu lange. Man kann sie wochenlang im Regal stehen und auskochen lassen. Die Geistespflicht wird auf die lange, eigentlich breite Bank geschoben, die Wahrheit in gefällige Schwierigkeiten zerzaust. So findet das Gewissen Beruhigung und darf die Zeit versäumen.

Dickleibige Bücher sind der Bürgertrost.

Schon dies spricht gegen die Kunst, sie zu schreiben. Aber wenn dickleibige Bücher auch noch tiefe Bücher sind, dann –

– nun, dann ist die Tiefe nur ein Nachweis der Bemühung, den Ungeist in ein geistiges Idiom zu übertragen. Es gibt nichts Tieferes als die Sprachkruste, mit der sich die Lüge überzieht. Und niemand schürft tiefer, als wer schürfen muß, um seinen Grund zu finden.

Lapidar und banal.

Ich behaupte aber weiter: Dieses dicke Buch ist ein jüdisches Buch – im schlechten, nicht im guten Sinne.

Worin?

Darin, daß es ein Begriffsarsenal aufbietet, nicht zur Sacherweisung, sondern zur Selbstbehauptung; daß es mit intellektuellen Mitteln einen Gefühlszweck bestreitet.

Nun gilt aber im strittigen Geistesfall das Entweder-Oder. Wer kann, darf nicht – und wer darf, kann nicht. Das heißt:

Eine Weltanschauung, die dem anthropozentrischen Freiheitssinn, dem höchsten Kontrollrecht des Geistes, den

Krieg erklärt und die Schönheit des blinden Schicksalswillens für sich in Anspruch nimmt –, darf und kann die in der verfemten Sprache über sich Aufschluß geben? Die Hindenburge und Schulzes können es nicht und haben es nicht nötig. Ihr „Durch!" und „Drauf!" spricht für sich. Könnten sie es aber – die Verfechtungskunst, die ihnen zu Gebote stände, brauchte ihren eigenen betreuten Nährboden (eben jenen, den das Verfochtene umbringt), sie schlüge sich mit der eigenen Waffe. Denn hier gibt es keine Halbheit. Es geht um das Ganze hüben wie drüben. Entweder ihr seid für den schönen, welthingegebenen Fatalismus, Teutoburger Sprossen ohne Bedenken, – dann fort mit den Parlamenten, aber auch mit den Büchern, mit den Setzmaschinen, mit den Argumenten, mit den Individuumsrechten! – sie gehören nicht euch, sondern den andern! Der Weltwahn kennt keine geistigen Klauseln! Auch Hermann der Cherusker hat sie nicht gekannt. Und wer sollte zudem Art und Grenze des Vorbehalts bestimmen?

– – Oder aber: ihr läßt euch im geringsten mit dem Denken ein und fordert das kleinste Recht für eure Freiheit – dann mutig bis zum Ende!

Der metaphysisch und ästhetisch betätigte Wahlsklave aber, der Kulturdiener mit Geistesverwahrung, ist ein Unding. Körperlich sogar. Denn hier ist ja der Kern des Problems: daß ihr keine Hermanns mehr seid, keine Bärenhäuter, keine Gewalttäter aus wilder Kraft, sondern bewußte und schuldbewußte, soldatisch-behördlich-philosophisch dünngewalkte Nachfahren, und daß ihr eure, wie ich sagen möchte, germanistische Empfindsamkeit in einen Typus trägt, den Bewußtheit schon entzweibricht. („Ressentiment" nennt das der Jude, wenn er von sich selber spricht.) Spielt euch doch nicht auf [wie] die Wilden, die ihr urwalddürstig seid aus gedefteter Zahmheit! Fafner der Riese ist ein Unikum; er mag auf Schwächere wie ein Ichthyosaurus herabsehen. Aber das Kraftideal des Mime – eine Doktorsarbeit.

Wie adelig ist der Schwächling dagegen, der von der Höhe des Lebensmutes blickt! Welcher Held der Krieger seines Ich gegen euch metaphysische Tornisterträger! Wir sind die Glaubenden, ihr seid die kleinen Zweifler! Denn was bezweifeln wir? Die Gottverhängtheit des Übels. Und woran glaubt ihr? An eben dies. Euer letzter Trumpf über Utopisten, die in ihrem Blut verrecken, ist: daß ihr lächelt, weil sie an Besserung glauben; eure Höhe: daß ihr von Balkongesimsen ärmlicher Geborgenheit herabschaut; eure Würde: daß ihr oben bleibt; eure Weisheit: daß ihr wartet. Ihr glaubt – an Walhalla, die Burg der erschlagenen Herren und Knechte. Wir – ans Paradies. Und wie wirft sich diese eure helmbewehrte, schwertumgürtete oder öfter noch im Weisheitsrock stolzierende Skepsis in die Brust und rechnet sich die Ohnmacht als geistige Ehre! Sie nennt ihr Werk: Bejahung. Wir wollen's gelten lassen und mit „Nein" erwidern, solange wir atmen.

Feinde sind wir eures Geistes und Tuns, nach dem frühesten, verstummten Ruf unseres Blutes; feind euch allen, die ihr den Menschen am Gängelband bunter Phantome führt, statt den Quell seiner Kraft zu entsiegeln. Indem wir euch befehden, stürzen wir die eigenen Väter von den Sitzen. Indem wir helfen, euer Vatertum zu stürzen, trägt euch der Haß einst Liebesfrüchte. Darum sind jene wenigsten unter euch, von denen ich um euretwillen annehmen will, daß s i e die letzte Absicht eures Schicksals sind – und nicht Goethe, der kategorische Imperativ oder der Brückenbau –, und in denen sich vielleicht eure Auserwähltheit: nach stärkster

Gegenwehr und durch tiefste Opferung am freiesten zu sein, kundgibt, die in Ketten gezeugten Kettensprenger nämlich, die Stiefkinder des Staatsanwaltes und der Kantischen Vorsehung, die satanischen Lichtbringer, ob sie Nietzsche heißen oder Wedekind oder Büchner oder sei's drum! auch Schuster Voigt und Räuberhauptmann Hölz (Moors Geist ohne Locken) – unsere liebsten Gefährten und vorbestimmtesten Freunde.

Kein Wunder, daß sie die deutsche Geruchswitterung auf den Index setzt und den oder jenen von ihnen zum „Juden" stempelt. Ich kann euch etwas verraten –: sie sind es.

XVII.

Antithesen fordern Unbedingtheit.

Man wird dem Vorhergegangenen zum Vorwurf machen, daß ich eine Substitution vornahm: eine Rasse für die Gattung setzte, deutsch mit nationalistisch verwechselte und vom „Deutschen" sprach, wo ich viel besser „Preuße" hätte sagen müssen.

Aber es ist nicht wahr.

Ich habe reduziert. Wenn Fleisch und Muskel der Umstandsgemäßheit weg ist, was bleibt übrig als das Skelett jenes Grundtypus? Und zugegeben, daß es der weltläufige Typus des Bürgers ist – aber wo ist er dann physiologisch noch so zu Haus wie im Deutschtum?

Hier hat er seinen metaphysischen Rückhalt, seine göttlichen Patrone. Sein Lord-Protektor ist Goethe, der Vater der Väter, der große Harmonien-Tyrann, dem alles auf Erden Rundbild und Wechselströmung war, starr bewegte Landschaft um den Thron des Ich. Welches Verhängnis für seine Nation, daß sie in ihm ihren Lieblingstypus mit der Geniekrone über sich sah! Nicht der Dichter im Bürger, der Bürger im Dichter hatte es ihr angetan. (Miniatur-Olympier standen auf: der Geheimrat Faust, der Romancier Faust, der Kanalisationsingenieur Faust, – und in ihnen allen: Heinrich, vor dem Margareten graut. Kleingevattern trugen seinen Schlafrock als Purpur und spitzten schöngeistig: preziös ihre Lippen, um sich mit seinem Namen ihren Odem zu verbessern.) Ihr zweiter Patron war Bismarck; der politische Zwangsharmoniker, wie Goethe der biologische. Der dritte: Friedrich der Große. Der genialste unter ihnen. Denn Ursache und Wirkung, bei jenen zweien in verschleierter Übertragung, sind bei ihm durchsichtig verbunden. Er war der Sohn der Söhne; rannte spornstreichs von der väterlichen Zuchtknute, die ihn am ärgsten da mißhandelte, als er zu lieben wagte, – in die preußische Großmachtsgründung. Gibt es einen boshafteren Zufall? Der verprügelte Sohn – erobernder Staatsherr; der Weibentfliehende, Sichselbstentfliehende – Vater des Reiches; der deutsche Ur-Sohn – Preußens Ur-Vater. Kein Exempel zeigt deutlicher, daß der Monarchismus majestätischer Masochismus ist.

Im Schirme dieser Paten steht der Normaldeutsche. Und will in der Regel nicht einmal gern an sie erinnert sein, da sie sich für seinen Geschmack mit zuviel Geistesaufwand der Natur ertrotzten. Gleichwohl ergeben sie – von Kant und Luther abgesehen – noch sein bestes genealogisches Wurzelreich. Tiefer reicht er kaum hinab; Bestimmteres gibt es über ihn nicht zu sagen. Was ihn der Freiheit jeweils geneigter macht, verdankt er der Folgerungskraft, nicht dem Blute. Seine Auszweigungen nach links bewirken also bloß Verschwommenheit. Sie haben die gemütvolle Einbildung zur Folge, daß am Nerv zu packen ist, wer allenfalls an der mangelhaften dialektischen Selbstwehr seines Instinkts gefaßt wurde. Aus Gelegenheitsbünden werden Enttäuschungen. Wahlziffern pendeln unberechenbar nach beiden Seiten. Situationen verwirren sich und lassen spüren, daß es nicht das Rechte ist.

Der Grundtypus verwirrt nicht, er ist mir der liebste. Die Norm, die in seiner Seele lebt, wirkt sich in Sprache, Siedelung, Kleid und Gesicht als Viereck aus. Für seinen Geruch habe ich das Wort „sauersauber". Sogar der Hut, den er trägt, ist ein geometrischer Aufsatz. Sein Erlebnis ist Notwehr. Er brauchte den Judenhaß, auch wenn er ihn nicht empfände, weil er das einzige ist, was seinem zur schönen Bilderstellung hindrängenden, den Augenblick weihevollster Starrheit im Bilde als Äonendauer sich träumenden Wesen Aktion gestattet. Eine angstvolle Tätigkeit: immerzu achthaben zu müssen, daß der Rosaschleier der fingierten Welt nicht reißt. Beinahe gelangt er so zur Formel: Wirklichkeit ist jüdisch.

Einem besseren – schädlicheren! – Typus wird anderes zum Erlebnis. Noch nicht der Kampf gegen die Norm. Aber die Emanzipation von ihr. In Lieben und Leben macht ihm die Quadratur des Zirkels zu schaffen: wie Trieb und Norm zu vereinigen wären. Gleichsam Alldeutschland mit der freien Liebe. Er verschwitzt seine Seele in der Mühsal. Illusion und Wissen sind krampfhaft umschlungen. Die Augen hell – die Hände feucht. Indes seine Lust der Geliebten noch gut ist, will ihr sein Kleinherrentum schon Böses. Ich möchte sagen: sein Körper begeht dann und wann in der Umarmung einen Weltanschauungs-faux pas – nur der Frau bemerkbar. Ist ihm zu raten, zu helfen? Kaum. Er wird mit dem Ohr der Norm hören, was ihm gegen sie gesagt wird, und sich darin verschwenden, Wichtigkeiten zu entthronen (Virginität,

Heirat, Honorigkeit), – statt daß er frankweg bei ihrer Mißachtung beginnt. Diese mühsame, schrittweise Entthronung sowohl wie jenes Dilemma sind ein beliebter Quell bürgerlicher Problematik – der Schwitz-Problematik. Hier schwärmen die Wildgänse und stiften durch Pathos Unheil.

Aus dem Erotischen ins Politische übertragen: es ist der Typus, der durch eine Zufallsbegegnung mit der Wirklichkeit von ihr nicht mehr loskommt. Aber wenn seine Einsicht ihr auch noch so viele Zugeständnisse macht – rechnet nicht mit ihm! baut nicht auf sein Besserwollen! – der kleinste Anlaß genügt, in seinem Herzen das Heimweh nach der Norm zu wecken. Er ist ein an fremden Strand Verschlagener und das ganze Unterpfand seiner Beständigkeit: euere Liebe zu ihm. Er hat Abgründe geschaut, aber er kennt den Abgrund nicht; er sagt sich los, und doch bleibt ein Band. Denn wäre er nicht einst mit dem Kopf gegen die Staatswand gerannt oder hätte die Erde nicht vor sich bersten gesehen – er lebte noch heute so fromm und bieder wie der Roßhändler Michael Kohlhaas. (Stutzt ihr nicht drüber, daß die bessere Art im Deutschtum so oft von diesen Michael Kohlhaasen gestellt wird?)

Aber noch ein Stückchen nach links und wir stehen entweder vor den Ausnahmen und den hoffnungsvolleren, durch die Moral noch nicht infizierten Proleten oder – rechts. Bei Thomas Mann. Das heißt: bei den Verzichtern. Als Seitenstück zu den Wilhelm- sind sie die Goethe-Absolutisten. Die Forschungsreise ihres Gehirns hat ihrer Einsamkeit bloß Nahrung gebracht, ihr Verhängnis zum Willen gemodelt. Die Kunstwahrheit geht ihnen über die Bettlüge, aus der sie sie bestreiten. Friedrich der Große floh vor sich in den Siebenjährigen Krieg. Thomas Mann floh zu Friedrich dem Großen.

Hier freilich verlasse ich deutsches Gebiet; es beginnt die Neutralitätszone der Literaten, wo der Rechts-Jude und der Musen-Deutsche sich begegnen und jener dem andern noch etwas vorgibt. Es beginnt der Rayon der apollinischen Verquältheit. Neben Thomas Mann steht Rudolf Borchardt, ein deutscher Sprachnotabler jüdischen Angstgeblütes, grübelt über „deutsche Verantwortung" und hält „deutsche Selbsteinkehr". Und mag seine Beredtheit auch die keuscheste Musik aus deutschen Bornen getrunken haben – sie bleibt verdammenswert; auch ihr Wohlklang spricht sie nicht frei. Retten sich Liebesverkrümmtheit und die Scheu vor der Rassenstimme doch am liebsten ins Heiligtum der fleckenreinen, alabasterweißen Sprache, durch dessen Fenster keines Sterblichen Auge sie erschauen kann. – –

So schließt sich von rechts nach links der deutsche Kreis, einmal in näherer Berührung mit den Juden, einmal von ihnen entfernter. Aber indem ich seine bedeutendsten Teile nachzog, wurde klar, wie gelegentlich und unzuverlässig die Berührung ist, obschon sich vielleicht der jüdische Eros vom deutschen in nichts anderem unterscheidet als darin: daß er dort, wo er sich emanzipieren will, auch schon frei ist.

Wie wenig – wie viel!

Zu viel, als daß sich die Juden von Verwischtheiten bestechen lassen dürften, und wenn ihnen aus falschen Röhren auch die erquickendste Stärkung zufließt!

Die Grundzeichnung kennen, das ist ihre Sache.

Sie kennen und als das Ursprünglich-Verschiedene, den eigenen Fehl in fremder Art Spiegelnde – hassen.

XVIII.

Das also ist die letzte Forderung an das Judentum? – das soll die Form sein, es zu erleben, und uns Mutterboden, Erdgefühl und frohe Naturgebundenheit vergelten – daß wir hassen?

Nein; auch so ergäbe sich wieder ein Dasein in der Projektion, ein modus vivendi, aber kein Leben. Dennoch müssen wir erst hassen oder zumindest: unser Antipodentum empfinden können, ehe uns friedliche Selbstbegnügung erlaubt ist. Diese natürliche Stufe zu überspringen, wäre Akrobatik, nicht minder wie der Dauerlauf des Widerspruchs. Ja, beinahe erschiene ein Ausruhen vor der Zeit – bei solchem Erlebnis! – gekünstelter als die Sicherheit des Läufers. Wenn mir schon am Gehaben des jüdischen Nationalismus, ohne daß ich mich noch zu seinem Kern bequemte, etwas mißfiel, so war es seine Fähigkeit, in volltönender, gesetzter Art Gleichwandelnden des anderen Ufers die Hand entgegenstreckend, sich mit allem zu verbrüdern, was Kultur, Sitte und Ordnung heißt. Wir wollen in die Offensive treten, um zu uns zu kommen. Er aber tritt gleichsam in die Positive.

Der Deutschenhaß – im Bunde mit den besten Deutschen und gegen das allwirksam Preußische verstanden – ist ein Paradigma der jüdischen Pflicht, durch Gegensatzbewußtsein die Stimme des Blutes zu hören.

Es war das Unglück dieses Volkes, daß es so viele Fronten hatte wie die andern, wo es nur eine einzige hätte haben dürfen: die andern. Das „hic et ubique" war sein Verderben. Dadurch aber ging nicht allein die Heimat verloren, sondern die Gemeinschaft, der Völklichkeit bestes Teil. Sie ist ein treuerer, stärkerer Boden als alles Ackerland der Erde.

Wer auf ihm steht, kann nicht unterliegen. Und wenn ihr fragt, welcher Wirklichkeit jener Kampf gegen die Erbsitzer eures und des fremden Stammes die Pforten öffnet, so entgegne ich: der Gemeinschaft.

Doch an Stelle dieser Erkenntnis – unmittelbar aus dem Selbsthaß folgend, als ihrer organischen Vorbedingung, und aus dem Kriege, als dem Bankerott eines ungewollten Schicksals – welcher neue, teils edle, teils minder edle Irrtum!

Bezahlten die Juden bis dahin die fremde Rechnung, so sühnten sie jetzt die fremden Rechenfehler. Advokaten der Schuld – Advokaten der Sühne. Wieder gaben sie dem Kind einen falschen Namen und sahen nicht ein, daß es eben auf den richtigen ankomme. Sie begründeten Gesellschaften des Geistes, das Wort „Geist" zum Verdacht und Unwillen der andern jüdisch durchbeizend, statt seine Geistesfarbe vorweg mit Zorn und Gradheit zu bekennen. Sie nannten sich „Demokraten" und waren für jede Blöße dieses Begriffes haftbar. Was Wunder, daß es ihnen, ewigen Kiebitzen an den Spieltischen der Welt, so erging wie diesen, wenn sie, genauer zählend und besser schauend als die Spieler, ihre Warnung dreingeben – die Partie geht dennoch verloren und sie haben die Maulschelle sitzen. Unheilbar in ihrer europäischen Wohlmeinung jedoch, gingen sie weiter und schürzten zur Rettung des Menschen aus dem Blutbad die Ärmel. Nicht warmpulsender, jedem Blick geöffneter, herzerleichternder Grimm war in ihr Gesicht geschrieben, sondern der Betätigungssinn eines harten Liebesdogmas. Dies im Verein damit, daß sie auch an jedem anderen Punkt des Zeitgeländes sichtbar waren, machte sie wieder zu Opfern des Argwohns – wie immer, wenn erst die hinter dem Vorhang leuchtende Fackel das jüdische Antlitz übergrellt.

Aber wäre es der einzige Tatort ihres Geistes gewesen, sie hätten die Leidensträger nicht zu beklagen. Denn es brauchte sich alsdann der Kehrreim ihres Jammers nicht zu wiederholen, daß sich immer und in jedem Falle der enttäuschte Zorn auf dem Rücken der Juden entlädt. Helden und Märtyrer fallen jedem Volke – warum sollte es bei ihnen verwunderlich sein? Die Frage ist nur, ob sie Blutzeugen der eigenen Sache sind. Nun – sie bezahlten nie zuvor mit ihrem Blute, was so ihres Blutes war, wie dieser herrlich-hoffnungslose Sturmlauf gegen den Besitz, nie vorher war ihr Anteil an fremdem Werke mehr aus dem Bedürfnis nach eigener Reinigung geboren wie dieser, unbeschadet des Irrtums, der sie wieder am verkehrten Ende der Gleichheit beginnen ließ, statt am richtigen der Freiheit. Sie werden einst, wenn die Gemeinschaft die verschüttete Bahn der Bestimmung klarlegt und wir besser wissen, welche Männer uns die Wartezeit durch Spruch und Widerspruch vertrieben und welche unserer gefesselten Zukunft angehörten, mit der Heiligkeit der Vorläufer in die Legende einziehen. Als sie lebten und starben freilich, konnten die Nationaljuden ihrer ängstlichen Beflissenheit und dem sicheren Instinkt des Fehlgehens in ihren Blättern und Schriften kaum darin genug tun, sie zu verleugnen und die Unschuld des Judentums an ihrem Irrtum hochheilig zu beteuern. Vielleicht aber kommt die Zeit, wo wir alle Mann für Mann nicht ihre Schuld allein, sondern die jedes verfemten Attentäters an der Moral der Einsamkeit und des Besitzes mit eigenem Namen unterschreiben.

Epilog.

Schreiber dieses Buches! – Läufer des Wortes selber – eines will mir nicht gefallen: deine Wortsicherheit und glatte Rechnung. Du hast mir das Chaos mit Glas überstülpt, das Mysterium des Seins zur Erklärbarkeit verödet und keine Luken gelassen, die sich nach dem Unendlichen öffnen. Wo sind deine Fragezeichen, du Kluger? Oder willst du so klug sein, sie im Nachtrag beizugeben?

Ich will, aber anders, als ihr erwartet. Das „vielleicht", dieses Schlußwort, woran sich alle Weisheit aufhängt, damit die Verwirrung, durch menschenmöglichen Eifer beruhigt, noch größer werde, es soll mir die Gewißheit stärken.

Ist das Wort verläßlich? – heißt die Frage.

Ich sollte aber gleich sagen: die jüdische Frage. Was die Erlesensten unter den Juden heute als ihre Größe und Tragik empfinden, das ist die Eingesperrtheit ins Wort. Sie wehklagen über ein Zuwenig an Welt, an Zusammenhang mit dem Leib des Alls, wofür ihnen ein Zuviel an Wort beschieden sei, und verfluchen dies gräßliche Kopfüberhangen als Wirkung eines entwurzelnden Geschicks. Niemals liebend erstummen dürfen, sondern auf der ewigen ahasverischen Wander der Behauptung sein! Der Bodenlosigkeit entrinnen durch Verwortung des Schwebens! Wie ein im Rückenmark Kranker fester mit der Sohle aufstapfen, damit sie die Erde spüre! Sich durch Begrenzung vor der Grenzangst retten und immer wieder, wenn das Wort entschlüpft ist, zurückfallen in die einsame Hast des Daseins!

Wie schön wäre dagegen das unwissende Aufgehen in die Welt, – wenn es ein Zurück aus dem Wissen gäbe und das Wort die Welt nicht fraglich gemacht und erschüttert hätte!

War es aber möglich – dann ist es geräumiger als sie, geheimnistiefer, näher dem unbekannten Sinn.

Ich glaube nicht, daß sich es die Juden erst dann im Worte wohnlich machten, als ihre heimatlichen Hütten nicht mehr waren. Vielmehr denke ich, trieb sie schon in der Vorzeit nimmersatte Neugier dazu, der Schöpfung über die Schulter zu sehen und das Wort anzulocken, in das wir gebannt sind. War es Übermut oder Auftrag – sie zerbrachen die Schale, um den Kern zu finden. Und hier komme ich auf anderem Weg zur früheren Legendendeutung: sie zerbrachen das „Du". Jählings schloß sich um jeden der Sarg seiner Einsamkeit und sprang nicht mehr auf. Denn jenes Wort, das den Menschen als Hülle der Gemeinschaft gegeben war, es wurde, in Millionen Teile zersplittert, zu ihrer Einzelzelle, allenfalls zu einer Notbrücke der Beziehung, die aber mit dem ersten unweigerlichen Schritt, den die Scham über sie setzt, im Augenblick wieder einbricht.

Einer aber erstand ihnen, dem das „Du" wieder gereinigt über die Lippen floß, weil er sich in jedem andern enthalten fand. Er brachte das Schwert, damit sie sich erkämpften, was ihm die Begnadung schenkte. Er hatte die verlorene Sprache schon – wie konnte er da anders zu ihnen reden als in ihr, in Worten, die den übrigen Sinn oder Bild waren, ihm aber Sinn und Bild zugleich? Wie konnte er von der Höhe des Erkennens niedersteigen, die der Rede keine Wahl läßt? (Van Gogh, der ihn das Urbild des Künstlers nannte, hätte hinzufügen müssen, daß hierin das Urbild aller Künstlertragik liegt.) Die ihn hörten, verstanden entweder Sinn oder Bild. Sie wurden Weltorganisatoren mißverstandener Metaphern. Ahasver der Jude aber, scheint es, haßte ihn, weil er ihn verstand. Sein Auftrag hieß ihn, noch immer unnachgiebig, ungeneigt, sich im Faßbaren zu umfrieden, gehetzt vom dämonischen Begehr, den letzten Sinn jenseits der Geborgenheit in Liebe und Wort der Schöpfung zu entreißen, wider ihn den tollen Hohn der Angst wenden. Seither irrt er, ruheloser Wortwandler, umher, nicht lahmer geworden in der Suche danach, was der Himmel mit ihm vorhat. Metaphysische Übelkeiten befallen ihn am hellen Tag. Ein Unbekanntes, aus Bodenlosigkeiten aufwärts pochend, bestürmt seine Herzenstür. Zuweilen ist ihm, als müßte er rücklings ins Nichts abstürzen, als wäre das Wort, in dem er lebt, ein Sessel ohne Lehne. Wird er es einstens plötzlich sprengen? Oder das zerbrochene wiederfinden? Seltsame Zeichen gibt die Zeit. Was will es, daß ein Jude die Endlichkeit des Ewigen, die Unendlichkeit des Irdischen entdeckte? Daß ein anderer die Heerschar der neuen Brüder anführt? Bilder, Bilder! Etwas ist gemeint. Ende oder Anfang. Absturz aus dem Wort oder Rückkehr ins Allwort. Die fest in die Welt Geschraubten, Glücklich-Blinden, Träumer ohne Schlafbewußtheit, denen die Natur die Augen schließt, die Fürchtenichtse und Wagenichtse zweifeln nicht, daß es Ende und Absturz bedeutet. Sind sie doch da, um die stolze Handlung zu bestreiten, an der sich der Wahn des Daseins exemplifiziert. Der Jude aber, zu anderem in die Welt gesetzt, muß es anders nehmen. Sein Schauder ist sein Genie! Er hängt in der Welt, – aber was sieht sein Taumelblick! Allgegenwärtig sei ihm darum auch der Abgrund, den er nur nach Wahl mit Sinn füllt, wenn Liebe ihn nicht dem Auge entzieht – denn aus diesem Abgrund, diesem Nichts hinter dem Rücken des Lebens lernt er das Nichts im Leben verdeutlichter sehen, gleichviel ob es jenes anderen Ursach' oder Spiegelung ist, und speist daraus ein künftiges Etwas. Aus dem Nichts einer in Funktion und

Instanz entzweigebrochenen Welt und des endlos-beziehungslosen Geschehens das Etwas der Menschenliebe – die neugeborene Welt, die keine Kuppeln mehr braucht, weil sie keine Abgründe kennt. – –

Ist es nicht seltsam, oder wird man nicht vielmehr meinen, es sei wieder echte Judenart, wenn ich nun, ans Ende gelangt, scheinbar alles widerrufend, gestehe, daß die Deutschen, dem Juden in der Schuld der zerschlagenen Einheit am nächsten, auch in dieser Hoffnung, sie wiederzuerlangen, am jüdischsten sind? Den Juden aber darf diese mögliche Zukunft nicht beirren. Er weiß zu gut, daß in keinem Volk die Romantik des Menschenfunds größer, der Ausnahmsgeist herrlicher ist als im deutschen, und hat diese Kenntnis durch Verwechslung mit dem Gesamtgeist würdelos überzahlt. Er darf ihr nimmer seine Wirklichkeit zum Opfer bringen. Denn wohin ihn sein Weg auch führe, nur die Schicksalstreue bestätigt ihm das Ziel – jene Treue, die ihn wissen lehrte, daß ein freies Leben mehr wert ist als tausend Heldentode, und ihn zwingt, das Wunder des Daseins gegen alle Schemen des Menschengeistes zu verteidigen. Und weiß und begreift er dies, dann kann ihm auch nicht mehr zweifelhaft sein, wozu er auserwählt ist: dazu nämlich, die Schuld jenes zerbrochenen „Du" zu sühnen und der widerspenstigen Welt die Erkenntnis aufzuzwingen, daß sie den Tod am lebendigen Leib mit allem Zittern und Zagen metaphysischer Bangnis überwindet, wenn sie die Moral in Stücke schlägt.

Max Brod

Ein Wort über Anton Kuh
(*Selbstwehr* XII, Nr. 23, 21. Juni 1918, S. 1-2)

Anton Kuhs Bedeutung sehe ich, zum Unterschied von vielen, die in ihm nur den geistreichen Über-Hanswurst verhätscheln, in seinem wahrheitsliebenden Ernst, der u. a. auch als rückhaltlose Bekennerschaft zum Judentum durchbricht. – Ganz oberflächlich betrachtet hat diese Bekennerschaft zumindest folgende nicht zu unterschätzende soziale Bedeutung: In Wiener und Prager Literatenklüngeln und Salons, in denen es bisher verpönt war, das Wort „Jude" auszusprechen (schon um die vielen getauften Juden, die dort verkehren, nicht zu verstimmen, ferner um die deutschliberale Partei nicht in Mißkredit zu bringen u. s. f.), in solchen Salons inauguriert Anton Kuh mit der ihm eigenen Ungeniertheit vielstündige Diskussionen über das Judenproblem, in deren Verlaufe er (man höre und staune) nicht nur das Wort Jude andauernd und schwungvoll ausspricht, sondern auch das Wesen des Judentums als welterlösend bejaht und dem offiziellen Deutschtum allerlei Uebles, zum Beispiel eine gymnasiale Ideologie, vor allem aber den assimilierten Deutschjuden das Allerpeinlichste nachsagt. Man höre und staune! – Anton Kuh ist kein Zionist. Besser gesagt: er kennt den Zionismus nicht so genau, daß sein Urteil über die Bewegung wesenhaft sein könnte. Aber Kuh ist (was viel, viel mehr wiegt als gesinnungstüchtiger Durchschnitts-Zionismus) auf seinem aller-persönlichsten eigenen Wege zur Bejahung seines Juden-tums gelangt, auf seine revolutionäre Art, die alles Lügen-hafte, Pappendeckelne, Lebensunechte dort, wo sie es fin-det, bekämpft. Der Schrei dieses Outsiders möge gehört werden.

Berthold Viertel

Anton Kuh, der Sprecher.
(Zu seinem Vortrag.)

(*Prager Tagblatt* 43, Nr. 108, 11. Mai 1918, S.3-4)

Anton Kuh darf wirklich nicht dadurch, daß er unlängst hier im Rahmen der „Prager Tagblatt"-Vorträge sprach, um seine Rezension kommen. Er hat Anspruch auf die Rezension. Denn das war kein Vortrag einer Abhandlung, keine Kathederarbeit, keine Rede wie Ja und Nein, nein, sondern allerpersönlichste Redekunst, Auswirken einer artistischen Eigenart. Sein Sprechertum braucht, wie die Schauspielerei, den Spiegel und das Echo, weil die Einzigkeit und Einmaligkeit des schöpferischen Ereignisses den Augenblick überdauern will und soll. Es kennzeichnet den Rhapsoden, daß nicht das Worüber, sondern das Wie seines Sprechens entscheidet. „Shakespeares Könige" oder „Der alte Goethe und der junge Schopenhauer" – wenn es nur ein Thema ist, das den Sprecher Anton Kuh zur Sprache bringt, das den Schwung dieser Physiognomie auflöst und vor den Zuschauern aus lebendiger Bewegung einen geistigen Charakter sich bilden und scharf abgrenzen läßt. Wichtiger als das Thema scheint mir für Anton Kuh das Publikum zu sein, die dunkle, dumpfe, Elektrizitätsschwangere Wolke, aus der es seine Geistesblitze zieht. Es ist ein Unterschied, ob jemand Geist hat oder ob er Geist produziert. Anton Kuh hat zweifellos Geist wie nur wenige –

aber wenn das stumme Publikum da drunten ihn reizt, produziert er Geist. Erst die unbewußt gefühlte Tatsache, daß ein modernes, gebildetes Publikum so Wage ist, so verschwommen, so ungefähr und beiläufig und, zwar angeregt, aber im tiefsten uninteressiert an rein geistigen Problemen, macht den Redner Kuh so leidenschaftlich präzis und entscheidend bekennerisch. Dieses polare Verhältnis zum Publikum eignet ihn zum Journalisten und zum improvisierenden Redner, mit satirischer Grundtendenz. Man hat gesagt, daß Anton Kuh vom Variété herkommt, besser: vom Kabarett. Sehr ehrenvoll für das Kabarett! Es müßte allerdings ein Kabarett im ursprünglichen, künstlerischen Sinne sein, von dem Anton herkäme. Woher aber kam dieses Kabarett? Wollte es nicht, gallisch gelaunt, den Bourgeois verblüffen, ärgern, sticheln, stacheln und hinreißen? Ein moderner Kunsttyp à la Wedekind, der Künstler als Hofnarr des modernen Publikums, als tragischer Komiker seiner Sendung, als rhapsodischer Rächer und Zeuge und Täter des Geistes, hinter der Maske des Zeitvertreibs die Vertreibung dieser Zeit! Zwei Arten von Publikum kann ich mir Anton Kuh gegenübersitzend vorstellen: die revolutionäre Jugend, der er voraustoben und sie dabei entflammen könnte – und die wohlgesittete, konservative Bürgerlichkeit, die einen Anton Kuh, gerade wenn sie geistiges Niveau hat, jederzeit um seiner genialen Unarten willen verwöhnen wird, und der er, je mehr sie ihn verwöhnt, umso heftiger, umso zügelloser entgegenzischen, sich entgegenbäumen, sich entgegenwerfen muß. Solch ein Thema – „Der alte Goethe und der junge Schopenhauer" – in überlegener Höhe erfaßt und deshalb unangreifbar, unangreifbar auch in seiner psychologischen Sachlichkeit – ist nach beiden Fronten hin orientiert. Der alte Goethe wird in jenem

Stadium ertappt, da er, ein Geistespapst, ein Kunsttyrann, sein Reich wahrend und neues Leben abwehrend, die Revolution des jungen Deutschland gegen sich entfacht. Und Schopenhauer steht ihm gegenüber, Genie gegen Genie, jung zwar, aber mit der abgeschlossenen Haltung der fertigen Persönlichkeit, deshalb ohne die törichte Ungebärdigkeit der Jugend, die über das Ziel hinausschießt, gereicht ausgleichend zwischen der Altersschwäche und der ewigen, nie alternden Geltung Goethes, deshalb auch für die konservativsten Hörer akzeptabel. Wie geistreich, wenn Kuh, gleichsam zur Entschädigung, Schopenhauer als den „Affektphilosophen" desavouiert und – im großen Sinne – den Humor davon aufzeigt. So weicht er freilich der tiefen unlösbaren Tragik des Gegensatzes Goethe-Schopenhauer, der die Laune des Abends gründlich verderben könnte, respektvoll aus. Wenn Anton Kuh nun gar die grandiose Einmaligkeit des Falles Goethe verehrend anerkennt und sich vor einer Harmonie verbeugt, die nur einer erstreben durfte und nur einer erreichen konnte, hat er die Bahn frei, um seinen ganzen Fanatismus gegen ein goethelndes Spießertum zu entladen, das den Schlafrock tragen will, ohne je den Harnisch angehabt zu haben, und das „Goethe" – oh Farbenlehrer! – nur benützt, um das Philistertum zu vergolden. Man sah einen prächtigen Augenblick lang im schmalen blassen Gesichte Anton Kuhs das Profil der Jugend aufleuchten, die den Geist ernst nimmt und an der Idee leidet, die kämpfen muß und produzieren will. Es war das Verlockende an diesem unmittelbaren Spiel der Antithesen, daß man ein Gefühl wie von entscheidenden Geistestaten bekam, die man mitmachen darf. Eine Nuance mehr, sagte Kuh über die Goethesche Harmonik, und Goethe wäre ins Philistertum abgestürzt. Eine Nuance weniger, und Anton Kuh hätte genial – eine Nuance mehr, und er hätte unartig gesprochen. Aber wer hätte gedacht, daß die Farbenlehre ein so anregendes Thema abgeben könnte!

Felix Weltsch

Die Tragik des Judentums.
(Vortrag Anton Kuh.)
(*Selbstwehr* XIV, Nr. 1, 2. Januar 1920, S. 5)

Die jüdische Selbstbesinnung macht gute Fortschritte; (das ist das einzig Tröstende an unserer tragischen Situation, und wäre freilich noch viel erfreulicher, wenn der Zusammenhang zwischen unserem Schicksal und unserer Selbstbesinnung nicht gar so beschämend wäre, wenn es zu dieser Selbstbesinnung n i c h t der Jahre 1914-1919 bedurft hätte.) – Es ist ein interessantes Zusammentreffen, daß wir in derselben Nummer der „Selbstwehr", in welcher wir den jüdisch-stolzen Artikel Alfred Kerrs veröffentlichen, in welcher wir die Nachricht bringen, daß Siegfried Jacobsohn, Albert Einstein u. a. den Palästina-Aufruf unterschrieben haben, nun über einen Vortrag Anton Kuhs berichten können, den man mit Recht als einen national-jüdischen Propagandavortrag bezeichnen könnte, wie er mit solcher Pointiertheit und Schlagkraft wohl nur selten gehalten worden ist.

Anton Kuh geht vom jüdischen Antisemitismus aus als dem scharfsichtigen, selbstkritischen Verhalten der Juden, von dem er wünscht, daß es dem jüdischen Nationalismus vorangehen müsse. Das ist vollkommen richtig. Nur ist Kuh nicht ganz im Recht, wenn er glaubt, daß je ein vernünftiger Nationaljude auch vor 1914 den derzeitigen jüdischen Typus kritiklos bejaht hätte. Der jüdische Nationalismus ist keine konservative, faule und lahme Selbstbejahung, sondern eine Sehnsucht nach Wiedergeburt, die tiefste Revolution zu sich selbst.

Mit wunderbarer jüdisch-psychologischer Darstellungskunst, zeichnete Kuh seine Judentypen, welche in verschiedenster Art, bewußt oder unbewußt, robust oder hysterisch, ihr Judentum verschleierten, vertuschten, verdrängten, überkompensierten. Er zeigt in kurzen Schlaglichtern die Entwicklung vom Aufklärungsjuden (Mendelsohn) zum Fortschrittsjuden (Börne) bis zum sozialdemokratischen Juden. In allen diesen Fällen, glaubt Kuh, handelt es sich [bei] diesen Juden im Grunde doch nur um ihre jüdische Rassenangelegenheit, welche sie durch eine große Weltbewegung tragen ließen. So beurteilt er auch die Beteiligung der Juden an der sozialdemokratischen Bewegung. Sie entspringt dem jüdischen Bedürfnis nach geistiger und ethischer Emotion – eine äußerst richtige Bemerkung. Direkt verkettet mit dem Schicksal der Ausgebeuteten waren die Juden nie; nicht ausgebeutet werden, sondern angespuckt werden – das war ihr Schicksal. – Ebenso wie gegen diese ideellen Assimilationsarten wendet sich Kuh gegen die nationale Assimilation, gegen jene Juden, welche sich nicht genug auf Goethe und Beethoven berufen können, um den andern immer wieder von neuem zu beweisen, wie echt ihr Deutschtum sei, gegen jene Juden, welche in verzweifelt jüdischer Weise alle möglichen Theorien darüber ersinnen, was sie eigentlich seien, und auf die einfache Lösung nicht kommen wollen, daß sie eben – Juden sind. Er wirft in diesem Zusammenhang gerade Prag, der „prädestinierten Stadt zuerst erwachenden jüdischen Bewußtseins", vor, daß gerade diese Stadt, welche die „erste jüdische in Mitteleuropa" sein könnte, durch ihre repräsentativen Vertreter während des fünfjährigen Krieges am meisten gegen die Juden gesündigt hat. Die Juden sind trotz aller kulturellen und sprachlichen Verbundenheit mit den Deutschen, trotz vieler Seelen- und Schicksalsähnlichkeiten mit den Deutschen, eben doch wesentlich – Juden, kraft ihrer Eigenart, ihres Schicksals, ihres sexualen Typus, ihrer Metaphysik und ihrer Religiosität. Kuh hält die transzendentale Religion der Juden für keinen Zufall, sondern für wohlbegründet im jüdischen Wesen. Im Anschluß daran suchte Kuh dieses jüdische Wesen auf eine möglichst einfache Formel gegenüber dem Ario-Germanentum zu bringen. Er führt die Gegensätze Transzendenz-Immanenz Gottes, Mensch – Welt, sentimentale Bewußtheit – naives Unbewußtsein, Individualismus – Fatalismus, Können – Müssen an. Soviel Richtiges auch in diesen Polaritäten gelegen sein mag, glauben wir doch, daß dieses Streben zu vereinfachen und zu dialektisch scharfen Formulierungen zu kommen, hier Kuh zu weit – oder nicht weit genug geführt hat. Den Zionismus lehnt Kuh ab, da ihm entsprechend den so gewonnenen Resultaten seiner Dialektik der zuende gedachte Begriff Heimat als etwas wesentlich unjüdisches erscheint und die Heimatlosigkeit der Juden ihm mehr ist als zufälliges Weltschicksal.

So bleibt denn als Lösung eine Art jüdischer Nationalismus, der sich vom liberalen und Humanitäts-Judentum, für das es ja nur eine jüdische I d e e gibt, wohl unterscheidet durch die kräftige Betonung der jüdischen N a t u r, durch die entschiedene Ablehnung eines verschleiernden Bekenntnisses zu einer fremden Nation, sowie durch Ablehnung einer direkten nivellierenden Menschheitsidee, der sich aber andererseits wieder vom zionistischen Nationalismus dadurch unterscheidet, daß ihm die Heimat des Juden im – anderen Menschen, in der Menschenseele liegt, sodaß er im Grunde wieder allzu nah bei jener eben abgelehnten Humanitäts- und Menschheitsidee mündet. In einem Punkt werden sich aber alle wahrhaft J ü d i s c h nationalen (nicht Jüdisch n a t i o n a l e n) mit Kuh zusammenfinden, darin nämlich, daß der jüdische Nationalismus nicht Selbstzweck ist, sondern Erkenntnis, Erziehung und sittliches Mittel.

Wie immer, war der Vortrag Kuhs blendend, aufreizend, voll genial-unartiger Formulierungen, rhetorisch und schauspielerisch glänzend. Das Publikum trachtete mit dem Gebotenen auf seine Art fertig zu werden und suchte, durch den Vortrag angeregt, nach geistvollen Auswegen, um den jüdischen Nationalismus Kuhs nicht allzu ernst nehmen zu müssen. Uns aber war es ein Vergnügen, daß gerade dieses Publikum – zu einem großen Teile wenigstens – einmal der Sensation etwas hineingefallen war und gewisse gute Wahrheiten auch von einem Mann zu hören bekam, der gerade in Mode ist, was natürlich weder ein Vorwurf gegen Anton Kuh ist, noch ein Hindernis, anzuerkennen, daß der Vortrag wirklich gut war.

Robert Weltsch

Der Fall Anton Kuh
(*Jüdische Rundschau* 25, Nr. 21, 26. März 1920, S. 144f.)

Bis zum Kriege war Anton Kuh „Jüdischer Antisemit". Darunter versteht er jene rein ästhetische ablehnende Einstellung des Juden zu sich selbst, die in der Negation stecken bleibt, ohne zu der eigentlichen schöpferischen Konsequenz jeder sinnvollen Kritik vorzudringen. Die Erlebnisse des Krieges haben ihn den entscheidenden Schritt vorwärts gebracht, so daß er heute von sich behauptet, er sei einer der stolzesten und begeistertesten Juden überhaupt. Das Judentum wird von ihm als Wert anerkannt; aber diese Bejahung des Judentums trifft nicht unterschiedslos den empirischen Juden, vielmehr gilt sie dem „Edeltypus" des Juden, also gewissermaßen der Idee des Juden, deren Verwirklichung eine scharfe und ehrliche Selbstkritik zur Voraussetzung hat. Insofern Kuh diese Entwicklung bewußt durchgemacht hat, ist er wirklich dem Wesen des jüdischen Problems nähergekommen. Er gehört zu jenen begabten und scharfsichtigen Intellektuellen, denen die Ereignisse des Krieges und das psychologische Material, das er zutage gefördert hat, die Erkenntnis ihres Judentums gebracht hat und die ehrlich genug sind, auf Grund dieser inneren Erfahrung ihre Stellung zu revidieren. Jüdischer Nationalismus, als unmittelbares Erlebnis, bewirkt eine Wandlung des Weltbildes, fordert ein starkes

Bekenntnis. Aber Bekenntnis ist die erste Stufe. Wir wissen, was es hieß, als vor 25 Jahren ein Mann mit diesem Bekenntnis anfing. Die heutigen Bekenner sind nicht die ersten, die diese Entwicklung durchmachen. Auch sie werden nicht stehen bleiben dürfen.

Der Vortrag, den Anton Kuh kürzlich in Berlin gehalten hat, verdient nicht nur als Bekenntnis gewertet zu werden, er hat auch eine Fülle von geistreichen Beobachtungen und Formulierungen zur Psychologie des Judentums beigebracht. Es war eine köstliche, blendende Causerie. Kuh zieht eine Parallele zwischen Antisemitismus und Antigermanismus, die beide als Instinktabwehr eine gewisse Berechtigung haben mögen, jedoch falsch werden, sobald man sie mit Motiven irgendwelcher Art, etwa kulturellen, wirtschaftlichen, religiösen usw., interpretiert. Trotz der Ähnlichkeit der beiden Abwehrbewegungen gibt es aber kaum einen größeren Gegensatz zweier Geistesarten als zwischen Juden und Deutschen. Immerhin sieht Kuh eine gewisse Verwandtschaft bei beiden Völkern, die er auf eine Ähnlichkeit des Sexualzustandes zurückführt. Nirgends findet man den „Sexualschacher" so ausgebildet, so verbunden mit einer bestimmten Form der Familiarität und dem dazu gehörigen „Blaublümeleintum" wie bei Juden und Deutschen. Kuh leitet aus dieser Grundanschauung allerlei gutklingende Charakterisierungen ab, denen man allerdings nur eine beschränkte Wirklichkeitsgeltung zuerkennen kann. Juden und Deutsche sind sexuell minderwertig; beide haben das Lächeln der Unbefangenheit eingebüßt; der Deutsche kennt nur zwei Altersstufen, den Knaben und den Mann, und dementsprechend auch politisch die polare Schichtung von Konservativismus und Radikalismus usw. Die Bedeutung der nunmehr abgelaufenen Periode des jüdischen Antisemitismus liegt in der äußersten ästhetischen Haßkontrolle gegen sich selbst. Der historische Repräsentant dieser Einstellung ist Karl Kraus. Diese ganze Art, das Judentum zu beurteilen, hängt zusammen mit der merkwürdigen jüdischen Scheu, für sich selbst etwas zu tun. Der Jude hat das Gefühl der eigenen Minderwertigkeit in sich so hoch gezüchtet, daß jeder Versuch, für sich selbst etwas zu tun, mit einer Tat gegen sich selbst endet. Die ganze Entwicklung der Assimilationsgeschichte der Juden charakterisiert Kuh unter psychoanalytischem Aspekt sehr hübsch als eine Kette von unbewußten Irrtümern und Fehlleistungen. Der Aufklärungsjude der Mendelsohnschen Zeit kämpfte mit Feuereifer für Toleranz, hütete sich aber, von der Judenfrage zu sprechen, obwohl das unbewußte Motiv seines Eintretens für die Idee der erwartete Vorteil der Juden war. Ebenso war es bei dem liberalen Juden, dessen edelster Typus Ludwig Börne ist. Beim dritten Typus, dem sozialdemokratischen Assimilationsjuden, liegt der Fall noch etwas komplizierter. Dieser kämpft für ein abstraktes Menschheitsideal und ignoriert sich selbst, als ob jemand anders als über sich selbst zur Menschheit kommen könnte. Was aber in Wahrheit der Antrieb des jüdisch-sozialistischen Ressentiments gegen alle Unterdrückung ist, erhellt mit erleuchtender Eindringlichkeit aus einer Tagebuchnotiz des zwölfjährigen Lassalle, der in einer Wunschphantasie davon träumt, wie die getretenen und gepeinigten Juden an ihren Verfolgern Rache nehmen werden. Statt für die Juden, trat er später für das Proletariat in die Schranken. In diesem Irrtum liegt die Tragik, aber auch eine gewisse Mission des Judentums. Die Juden sind die besten Advokaten, nicht nur vor Gericht, sondern auch im politischen Leben. In jedem Plaidoyer spricht der jüdische Advokat sich alles vom

Herzen, was er für sich selbst zu sagen nie gewagt hätte. Wenn man an das Shylock-Schicksal denkt, so wird unmittelbar klar, daß der Jude persönliche Unbill weit stärker empfindet als wirtschaftliche. Was es bedeutet, ausgebeutet zu werden, steht seinem Verständnis weit ferner als was es heißt angespuckt zu werden. Der soziale Idealismus der jüdischen Revolutionshelden ist eine Wirkung des Fehlversuches, sich zu sich selbst zu bekennen und die den Juden angetane Schmach und Unbill zu rächen. Wie weit aber die Selbstverleugnung des Juden geht, trat am deutlichsten im Krieg zutage, wo der Jude gleichfalls mit Begeisterung bei der Sache sein zu müssen glaubte und sogar den verschiedenen Völkern, die für ihren elementaren und vitalen Nationalismus keine Begründung brauchten, die advokatorische Begründung und Deutung ihrer Sache lieferte.

Nach dieser psychologischen und stellenweise sehr amüsanten Betrachtung kommt aber die ethische Frage: Was ist zu tun? Assimilation und Zionismus sind beides Extreme. Die Assimilation ist ein Selbstbetrug und undiskutabel. Der Zionismus erwidert den Haß der anderen nicht durch Liebedienerei und durch den lächerlichen Versuch, einen unauslöschbaren Konflikt durch Kompromisse zu überbrücken, sondern er „zieht sich in das orientalische Asyl zurück". Dies erscheint Kuh als ein unzulässiges Ausweichen. Zweitausend Jahre Europa könne man nicht mit einem Male loswerden, und diese zweitausend Jahre des Leidens können auch nicht nur um „einer messianischen Legende willen" dagewesen sein. Das jüdische Volk ist zu aktiv und zu kämpferisch, um nur eine „Passionssendung" auf sich zu nehmen. Kuh sieht eine andere Aufgabe, die Aufgabe, den europäischen Völkern das Chimärische des

Begriffes „Heimat und Scholle" zu beweisen. Ihre Aufgabe ist der Schutz der Menschheitsidee gegen alle Verirrungen. Das Gegenteil des Heimatsbegriffes als Scholle ist „Heimat als ideale Projektion menschlicher Beziehungen".

In diesem letzten Teil, der überdies sich durch eine gewisse Verschwommenheit auszeichnet, zeigt sich Anton Kuh – als Patient. Trotz seinem lauten Bekenntnis zum Judentum und trotz der Versicherung, daß es die jüdische Aufgabe sei, für sich selbst, für das eigene Volk, etwas zu tun, vollbringt er schließlich die typische Fehlleistung, die er selbst so gut charakterisiert hat. Die Menschheitsidee kann nicht gelehrt und nicht – „advokatorisch", lieber Kuh! – vertreten werden, sie bleibt überhaupt wesenlos, so lange sie eine bloße Abstraktion ist. Die Menschheitsidee kann nur gelebt werden, und dazu bedarf es gewisser realer Grundlagen, auch der verpönten „Scholle", die darum gewiß nicht zum Selbstzweck und zum bestimmenden Element des völkischen Wesens werden muß. Im realen Leben wirken Faktoren mit, die mächtiger sind, als es vom grünen Tisch des Café des Westens den Anschein haben mag. Das Wissen um eine Idee bleibt im Leben wertlos, wenn diese Idee nicht darauf ausgeht, die realen Faktoren zu erfassen und umzugestalten. Der Zersetzungsprozeß des Judentums wird trotz ephemerer Bekenntnisse fortschreiten, wenn nicht das Leben des jüdischen Volkes so aufgebaut wird, daß es unter der Verantwortung des jüdischen Geistes stehen kann. Der Zionismus ist keine Flucht vor dem Kampfe, er ist vielmehr der eigentliche, wirkliche Kampf, denn alle anderen geistigen Rettungsversuche sind eine Flucht ins Reich der Abstraktion, das von dieser Welt viel ferner liegt als der Orient. Übrigens wird sich auch die Verwirklichung des Zionismus nicht so idyllisch und reibungslos abspielen, wie

Kuh und andere zu einem „geistigen" oder „ethischen" Nationalismus sich bekennenden jüdischen Literaten es darstellen. Es handelt sich um eine große Neuschöpfung, die nur mit schweren Geburtswehen vor sich gehen kann und alle Kräfte des Volkes auf ein Werk „für sich selbst" vereinigt, – für sich selbst diesmal und nicht unversehens wieder für andere oder für die „Menschheit". Das ist alles andere als eine „Passionssendung".

Der Fall Anton Kuh ist typisch. So erfreulich die Rückkehr jüdischer Intellektueller aus ihrer völligen Desorientierung zum Judentum ist, so muß doch die Prätention angefochten werden, mit der sie vor die Welt treten. Die Lösung der Judenfrage läßt sich nicht in einem Bonmot geben. Mit naiver Entdeckerfreude werden Erkenntnisse vorgetragen, die längst Inventar der zionistischen Ideologie sind. Das wäre harmlos; schlimm aber ist, wenn man über Judentum apodiktische Urteile ausspricht, ohne von den tatsächlichen Verhältnissen des jüdischen Volkes eine Ahnung zu haben. Anton Kuh hat gewiß noch niemals jüdisches Volk gesehen. Er weiß nichts von den Kräften, die in den Volksmassen schlummern, von ihrem Leben und ihren Strebungen, er weiß nichts von Palästina, von der Hingabe und Aufopferungsfähigkeit jüdischer Menschen im Dienste der Idee der jüdischen Wiedergeburt. Er sieht nur den ihm bekannten Typus des degenerierten bürgerlichen Westjuden, und als zionistischen Repräsentanten sieht er den Durchschnittsnationalisten an, dem Nationalismus ein Deckwort für seine menschliche Unzulänglichkeit ist. Daß der Geburt des Zionismus jene schmerzliche und erbarmungslose jüdische Selbstkritik vorhergegangen ist, die Kuh noch heute mit Recht als Forderung aufstellt, erkennt er ebensowenig, wie die

Folgerungen, die aus dieser Einsicht gezogen werden müssen. Wenn er die Geistesgeschichte des Judentums auch nur andeutungsweise kennte, könnte er nicht so wegwerfend von der „messianischen Legende" sprechen. Man müßte doch etwas mehr Respekt vor der Wirklichkeit verlangen können. Der Weg, den Kuh heute zu weisen versucht, ist ungangbar. Wenn er an dem jüdischen Kampfe aktiv teilnehmen will, so muß er tiefer in die jüdische Wirklichkeit hineinsteigen und muß auf der Entwicklungslinie, die viele vor ihm gegangen sind, nun noch den letzten, entscheidenden Schritt tun, der eine Überwindung seines heutigen Standpunktes ist – ebenso wie sein heutiger Standpunkt die Überwindung des „jüdischen Antisemitismus" von 1914.

Elias Hurwicz

Völkerpsychologie
Anton Kuh:
„Juden und Deutsche."
(*Der Jude* 6, 1921/22, S. 53-55)

In keinem Bereiche menschlicher Erkenntnis so sehr wie in der Psychologie der Völker erfahren wir auf Schritt und Tritt die Richtigkeit des Ausspruchs von Höffding, daß die Wahrheit nicht etwas Statisches, sondern ein Dynamisches ist. Der Mathematiker Poincaré, glaube ich, war es, der das Gleiche so formulierte, daß zur Erklärung einer Erscheinung verschiedene Hypothesen möglich sind. Nun, in der Völkerpsychologie hat fast jede dieser Hypothesen etwas Wahres oder gar Überzeugendes an sich. Zumal, wenn ein mit der Gabe der psychologischen Eindringlichkeit und der Ausdrucksplastik so überreich ausgestatteter Schriftsteller wie Anton Kuh sie sich zu eigen macht. In seiner neuen Schrift „Juden und Deutsche" (Erich Reiß, Berlin 1921) beklagt er sich zwar, diesem Thema „das Don-Quixote-Opfer einer Systematik bringen zu müssen, die dem rasch blickenden Geist nicht im Blut liegt und seinen Fluß bloß zwecklos anstaut". Doch, immerhin, bleibt hier des Flusses noch genug, um mir, im Interesse der Leserschaft, noch ein letztes Destillat oder richtiger Kondensat zur Aufgabe zu machen.

Kuh fängt (mit Otto Groß) ab ovo an. Der biblische Sündenfall bedeutet das Ende der Liebeswahl, des Mutterrechts und den Anfang des Geschlechtsbesitzes, der Ehe, des Vaterrechts. Die Juden berühmen sich darin die Ersten gewesen zu sein. Sie nennen sich Begründer und Heiliger der Ehe. Und in der Tat: die Familienmoral ist zur Urquelle des ganzen jüdischen Wesens geworden: sie durchdringt die Theologie, die Staatsauffassung, das Weltgefühl, das Verhältnis zur sozialen Mitwelt, geschweige denn das erotische Leben des Juden. Die die väterliche Autorität in die Welt setzten zur Sicherung leiblichen Besitzes, sie mußten über diese Welt auch einen Vater-Gott setzen; und „den lieben Gott" nannten ihn schmeichlerisch die Untertanen. Aber sie sagten nicht mehr: der liebe Mensch. So begrenzten sie ihren Gesichtskreis schon in ihrer Urzeit und in Zeiten staatlicher Unabhängigkeit. Später, als diese schwand, wurde die Ehe, die Familie erst recht zum Wohnsitz ihrer ganzen Seele. „Sie kapselten sich in die Kleingehäuse der Ehe ein und wehrten, also eingeringt, der Welt und dem Weltgeist". Was ist aber diese Familie? „Der Vater, Ur-Besitzer, schwingt die Erhaltungsfuchtel. Die Mutter, in ihrem Glück verkrüppelt, hegt die Kinder als Krüppel; die Töchter sind lebendig aufgebahrtes, wie Topfblumen betreutes Verkaufsgut." Der Jude ist Frucht eines Eheschachers, wie er sich selbst wieder Sprossen erschachern wird. Kuh geht auch dem erotischen und Sexualleben des Juden nach und rückt auch ihm mit erbarmungsloser Sonde zu Leibe. „Sind die Juden sexuell glücklich? Ich wage es zu verneinen. Das schönste Glück, unbewußter Wunschkeim allen revolutionären Triebes: „liebend geliebt zu werden" – es ist ihnen am öftesten versagt. Ihr lebendigster Intellekt, ihre schmiegsamste

Sachvertrautheit, ihre genialste Lustbereitschaft tritt hinter dem Lächeln eines Nebenbuhlers zurück, dessen lässig-verspielte Lippen von sich nichts wissen. Geredet ist das Band zwischen Liebenden und Geliebten, geredet und erredet. Sie schalten ins Objekt ihrer Neigung einen Starkstrom ein: die Mühe künstlichen Selbstentzückens. „Vernunft ist oft lästig, wie ein Nachtlicht im Schlafzimmer, sagt Börne. Es ist das besondere Los der Juden, daß dies Licht gerade in ihren Schlafzimmern brennt."

Diese Unnaivität bedingt, als Prävalenz der Bewußtheit, auch eine „größere Aufgeschlossenheit" und infolgedessen Häßlichkeit des jüdischen Gesichts. „Wo der Mensch nur zwei Lippen für sein Begehren hat, hat der Jude unzählige. Seine Gefallsucht hat Lippen wie sein Gefallen, sein Hunger nicht bloß, sondern auch seine Sattheit, seine Angst, seine Verlegenheit, sein Ärger."

In der Familienmoral wurzelt auch die Ehrfurchtlosigkeit der Juden untereinander: „Wie genau kennen sie sich alle von dort her." Kann es zwischen ihnen da noch Ehrfurcht geben, Achtung vor dem Mystisch-Unberechenbaren im Menschen? Ihr Verwandtschaftsinstinkt wacht über jeden. Und hat er im Fremden den Verwandten arretiert – dann gute Nacht Respekt, Glaube, Demut! – „Du Ärmster, der du unsere Krummnase – unser Kraushaar – unseren Tonfall hast, wie willst du dich uns entziehen? Gedenkst du noch des heimatlichen Speisengeruchs? Warst du nicht selbst ein braver Mitesser und Mitbeter – und glaubst davon zu können? Nutzloses Trachten!" – das ist der tiefste Sinn auch des zionistischen Bruderrufes („das brüderliche Hepp-Hepp als Hosiannah"). Es ist ein „Ruf des Familien- und nicht des Weltenbruders". „Der Ruf des Zionisten heißt „Zurück!" Ob es ein „Vorwärts!" ist, ficht ihn wenig an. Was sind ihm die Zeiten der europäischen Verbannung? Ein Zweijahrtausendszufall. Der Jude ist ihm leidenserkoren – zu nichts".

Was bewegt aber den jüdischen Liberalen, Demokraten, Sozialisten? – „Die historische Gewohnheit, sich der fremden, ihnen im letzten Ende feindlichen Sache als der eigenen anzunehmen" – die Verwechslung der eigenen und der fremden Freiheit. Denn: „Was ging sie der Entrechtete, Mißachtete an, der es aus ganz anderen Gründen war als sie?" Es war letzten Endes ein Verrat an sich selbst.

Dies macht uns überrascht aufhorchen. Denn, nach all dem Vorangegangenen, waren wir doch auf eine richtiggehende Assimilationspredigt gefaßt. Was ist denn das eigene Selbst, die eigene Sendung der Juden? – Es ist die Tilgung jener Erbsünde, antwortet Kuh, jener engen, unfreien Familienmoralität. „Ihre Schuld ist dann getilgt, ihre Auserwähltheit bestätigt. In diesem Sinne waren sie auch die Lieblinge Nietzsches." Dazu haben sie auch den Leidensvorsprung vor und die Gasterfahrung von anderen Völkern, sie in Mißtrauen gegen jede Art von Volksbewußtsein umzuwerten, das vom Besitz statt vom Menschen ausgeht. Also sagen wir zusammenfassend: statt der Liebe zum Nächsten – die Liebe zum Fernsten.

Und nun kurz zu den Deutschen. „Sie sind vielleicht nicht ganz so strangulierte Familienwesen wie jene; denn ihr Machtdrang ist stärker als ihr Mitleid. Aber ihr Glaube an die Familie ist gleich krankhaft und sklavisch, er entquillt auch hier nicht der Mutterfreude, sondern der Vaterangst und dient der Habe, nicht dem Sein." Daher auch die nächste Ähnlichkeitsfolge: daß ihnen der Instinkt der Umwelt feindlich ist, daß sie – besonders im Kriege und durch den Krieg – dieselbe Gefühlsskala der Verschmähtheit, Selbstverdrehung, Versöhnungsdrang und Liebedienerei durchlaufen mußten, durch die sie grundsätzlicher und heftiger als alle übrigen Völker die Juden peitschten. – Daher – aus jener erotisch-sexuellen Grundverfassung heraus – auch die weitere Ähnlichkeit: der Rationalismus, der Intellektualismus als „Verdrängung", als Abreagieren, als Surrogat des entgangenen Liebesglücks. Kurz: Juden wie Deutsche – in verschiedener Gradation und Erscheinungsformen – kommen doch in dem Gemeinsamen zusammen: sie setzten den Zwiespalt in die Welt, oder sagen wir genauer: ihr Weltgefühl ist zwiespältig. Und darum war der Selbsthaß, der diese Zwiespältigkeit durchschaute und sie zu überwinden trachtete, das beste Stück des Geistes beider Völker ...

Überschauen wir jetzt das Ganze kritisch, von dessen gedanklicher Saftigkeit und Schärfe hier natürlich nur eine schwache Vorstellung gegeben werden konnte. Daß der Familie bei der Erhaltung der jüdischen Art in der Geschichte eine wichtige Bedeutung zukommt, ist oft betont worden; noch nie aber ward so wie hier dem Einfluß der jüdischen Sexualität bis in die letzten Winkel des jüdischen Wesens nachgegangen, noch nie ward so grell in dieses Wesen hineingeleuchtet. Gestehen wirs: die Sonde hat allzu erbarmungslos gearbeitet, aber vieles um so treffsicherer aufgedeckt. Wir durchschauen aber auch – ohne die Originalität der Anwendung im mindesten bezweifeln zu wollen – wes Geistes Kind die Grundauffassung ist: Freud und Nietzsche haben hier Pate gestanden: der erste steht am Anfang, an der rückwärtsgewendeten, historischen Seite, der zweite am Ende, an der in die Zukunft gerichteten Seite. Nun ist aber der Anspruch der Psychoanalyse, nicht nur Erscheinungen des Seelenlebens, sondern auch der Religion, Philosophie, Weltanschauung aus dem erotischen Urerlebnis zu erklären, eine Anmaßung, eine unnatürliche Grenzüberschreitung, ein ungesundes Sich-Aufblähen einer Lehre, die für einen bestimmten Kreis von Erscheinungen allerdings manches Dunkel erfolgreich aufgehellt hat. Und wenn Kuh, Freuds Spuren folgend, etwa behauptet, der jüdische Monotheismus sei nur ein Abbild der „väterlichen Autorität zur Sicherung des leiblichen Besitzes", die die Juden statt des „Mutterrechts" in die Welt setzten, so sei nur daran erinnert, daß der „Gewaltbesitz" am Weibe, der seine sinnfälligste Verkörperung in der Polygamie des Mannes findet, bei Juden sich noch lange während der ganzen biblischen Periode erhält und daß die echten Bekenner des Monotheismus – die Propheten – ihn bekämpften, weil – im umgekehrten Kausalverhältnis als bei Kuh – der Monotheismus als sein Abbild die Monogamie verlangt.

Der Intellektualismus als Abreagieren, als „aufspritzender Gedankengischt" liebesentfremdeter Jünglinge, diese Erklärung mag für den Ghettojüngling sogar physiologisch zutreffen; für den germanischen Jüngling, bei dem jener angeblich derselben Quelle entspringt, wird sie, aus bekannten Gründen, weniger stichhaltig.

Die „zerschlagene Einheit" ist, wenn unter diesen Worten ein Weltgefühl, eine Weltanschauung verstanden werden soll, bei Juden und Deutschen etwas der Art nach gänzlich Verschiedenes: bei diesen (wie schon Nietzsche wußte) eine „umfängliche" Geistesstruktur, die den Gegensatz in die Welt setzt und ihn doch wieder zur Einheit gestaltet,*) bei den Juden aber eine Spaltung, die nicht zuletzt in ihrer historischen Lage, in dem Diaspora-Zustand, wurzelt.

Und nun zur vorwärts gerichteten Seite! Uns berührt es sympathisch, daß Kuh aus seinem negativen Sektionsbefund heraus sich doch nicht, wie es gemeiniglich konsequent schiene, zum geistlosen Assimilantismus bekennt (dazu ist er eben zu geistreich); daß er sich, wie es einem Juden geziemt, die geistige Selbständigkeit wahrt. Wir sahen auch, welchem eigenen Ziele er zustreben will. Aber es ist doch kennzeichnend, daß er, der so Kristallklare, hier so undeutlich wird, und so abrupt. Der Edelanarchismus, die Liebe zum Fernsten sind denn auch im tiefsten Sinne individuelle Gefühle, nur Vereinzelten, Vergeistigsten eigen. Sie einem Volke zu predigen ist selber eine Ausgeburt des Überintellektualismus. Gerade dieser Überintellektualismus, der in der Diaspora so üppig wuchert und nicht zuletzt in Kuh selbst einen so hervorragenden Vertreter findet, ist für uns aber mit ein Grund, weswegen uns der Zionismus nicht ein „brüderliches Hepp hepp", sondern die Rückkehr eines Volkes zur Natur und dadurch die Wiederherstellung der „zerschlagenen Einheit" des Weltgefühls bedeutet.

*) s. des näheren darüber und verschiedene konkrete Illustrationen dafür in meiner Schrift: „Die Seelen der Völker" (F. A. Perthes, Gotha 1920), S. 103 ff.

Max Brod

Der Nietzsche-Liberale
Bemerkungen zu dem Buche von Anton Kuh
„Juden und Deutsche"
(*Selbstwehr* XV, Nr. 13, 1./8. April 1921;
Wiederabdruck in: Max Brod/Felix Weltsch, Zionismus
als Weltanschauung, Mährisch-Ostrau 1925, S. 28-38)

1. Liebeserklärung

Ich habe nie ein Hehl daraus gemacht, daß ich Anton
Kuh sehr bewundere. Bewundere als einen der geheimnis-
vollsten Menschen dieser Zeit. – Sofort wird man mir von
allen Seiten widersprechen: „Anton Kuh … geheimnisvoll?
Keine Idee! Witzig, meinen Sie vielleicht? Geistreich, brillant, blendend?" – Nein, meine Verehrten, das meine ich
nicht. Wenn ich „geheimnisvoll" sage, so meine ich
„geheimnisvoll".

Niemandem tut man so sehr unrecht wie amüsanten
Menschen. Eben deshalb, weil man sich von ihnen amüsie-
ren läßt, weil man in ihrem Bann steht, so lang sie dabei
sind, weil man durch jedes ihrer Worte, ihrer Bilder
beschenkt wird, – eben deshalb hat man das Bedürfnis,
nachträglich ihrem Eindruck etwas zu subtrahieren. Der
Ausdruck: „Er ist bloß amüsant," heißt in der Regel, psy-
chologisch durchlichtet: „Er ist amüsant." Das „bloß" ist

eine gewohnheitsmäßige, fast unbewußte Dreingabe des Beurteilers, resp. seiner gekränkten Eitelkeit, die ihren Rücken schnell aufzugraden sucht. Natürlich gibt es Plauderer, die bloß plaudern. Aber wesentlich ist, daß man dies von a l l e n behauptet, von allen!

Dies vorausgeschickt und demnach wohl bemerkt, daß Kuh zwar auch genial plaudert, einfallsreich debattiert, aber außerdem ein tiefer Geist ist, – gestehe ich, daß sein Buch mich nicht unerheblich enttäuscht hat.

Man wird dieses Buch mit Lobsprüchen wie „paradox, unterhaltend, sprühend, funkelnd" bombardieren, und ich weiß, daß Kuh sich aus solchen Adjektiven wenig machen wird. Denn nicht darauf kam es ihm an, spaßig und sensationell zu wirken. Ihm ging es wirklich um Erkenntnisse. In die letzte Tiefe seiner selbst hat er hinabsteigen wollen, – er ist dennoch nur ins vorletzte Stockwerk gelangt. – Dieses liegt freilich tiefer, als die meisten, die ihm „Causeur" nachschreien werden, je hinabschauen.

Interessant wie selten ein Buch. Es ist der äußerste Versuch, alle Erkenntnisse und Grundgefühle mit den Zionisten gemein zu haben, und – dennoch nicht Zionist zu werden. In diesem „und dennoch" sieht Kuh höchstwahrscheinlich einen Hauptvorzug, und es ist die Schwäche seines Buches. Und es ist so überflüssig. Denn auch ohne dieses „und dennoch", das im Grunde (fürchte ich) doch nur für den Beifall irgendeiner Galerie von Industrie-Mäzenen und skeptischen Filmdichtern geschrieben ist, – auch ohne dieses „und dennoch" brauchte Kuh nicht zu fürchten, mit dem kommunen Vereins- und Ortsgruppen-Zionismus gleichgesetzt zu werden. Vielleicht mit der Opposition innerhalb des Zionismus, mit dem (sehr starken) Linksflügel der Bewegung. Ein Unglück? Letzten Endes wird ja der einzige Effekt seines

184

Buches nur der sein, diesem linken Flügel einen neuen Motor, eine aufregende Einstellung, eine revolutionäre Kampfunterstützung geliefert zu haben. Die andern werden: „geistvoll, originell, amüsant" sagen. Wir werden ihn ernst nehmen. Wir Zionisten rächen uns edel. Sogar wenn man uns totschweigt. Sogar wenn man mit vornehmer Ignorierung aller innerzionistischen Diskussion, den ganzen Zionismus als eine Einheit nimmt und mit der Handbewegung: „Er akzeptiert kritiklos (!) Kanaan", „Imitationsnationalismus" usw. abzutun vermeint. – Dies tut nämlich Anton Kuh, den ich … trotzdem sehr bewundere.

2. „Warum schäme ich mich, ein Jude zu sein?"

Die ersten Sätze eines Buches haben nicht bloß stilistische Bedeutung. Ist es ein Zufall, daß Flauberts „Education sentimentale" mit frostigem Nebelmorgen auf der Seine beginnt? Im Anfang ist der ganze Inhalt des Buches prädestiniert.

Anton Kuhs erste Konstatierung ist, daß das Wort „Jude" „peinlich und gemein, wie geflüstertes Ertappen" wirkt. Das soll gar eine „Jahrtausendpsychose" sein. Kuh fragt nach dem „Warum" dieser Schande. – Er übersieht, daß schon in seinem „Warum" eine petitio principii liegt. Er denkt gar nicht daran, daß vielleicht schon die Tatsache selbst unrichtig sein könnte, – unrichtig d. h. historisch begrenzt und selbst innerhalb der Gegenwart lokal begrenzt.

In jenem Osten, den Kuh mit einiger Frivolität als nichtexistent wegzaubern möchte, leben Millionen, für die das Wort „Jid", „Reb Jid" ein Ehrenname, der selbstverständlichste und liebste Ehrentitel ist. „So lang du trägst den

185

Namen Jid!" endet ein populäres Chanson im Triumphton. Und ein anderes hörte ich selbst in jenem von Kuh ausradierten Osten, im karpathischen Bartfeld:

> „Jidale, dein Krojn is dos Pintale Jid,
> Viel gelitten schoijn fir dos Pintale Jid,
> Der kleinitschke Jißrolikel
> Er lacht aus den Amalikel,
> Weil er hot dos Pintale Jid."

Für Kuh ins Deutsche übersetzt: „Der kleine Israel lacht Amalek aus, denn Israel hat das Pünktchen, den kleinen Buchstaben Iod." – Es gibt noch sehr viele andere Dokumente eines gutmütig selbstsicheren, nicht aus der Ruhe zu bringenden jüdischen Volksbewußtseins. Der weitaus größeren Hälfte des Judentums dürfte die Idee, daß man nicht alltäglich Gott für die Gnade zu preisen habe, der einen als Jude auf die Welt kommen ließ, geradezu bizarr erscheinen. Diese größere Hälfte wohnt allerdings nicht im Radius des Café Herrenhof und C. d. W., deren Monographie Kuh einigermaßen mit der Monographie des Judentums verwechselt.

Ganz zufällig kommt mir in den Tagen, da ich Kuhs Schrift lese, der Klavierauszug der „Fledermaus" in die Hand. Da gibt es in dem (meist weggelassenen) Ballett eine Szene, in der die Nationalitäten des ehemaligen Österreich auftreten. Der ungarische Czardas, mit viel Aplomb, edel, ritterlich. Vordem: die Tschechen. Sie singen ein lächerliches Kuplet, im lächerlichen Tschechisch-Deutsch, sie sollen überhaupt lächerlich gemacht werden. „Marianka, komm und tanz me' hier! Heut ist's schon schetzko jedno mir. Me tanzens Polka alle zwei. Wo is e Hetz, is Böhm dabei." – Mit

186

Erstaunen besinne ich mich darauf, daß der Tscheche einmal eine komische Figur gewesen ist. „Der Prager
Fremdenführer" – eine beliebte Vortragspiece. „Der Böhm
in Amerika." „Servus Brezina, hat er mir gesagt." (Welch ein
Zufall, welch eine Genugtuung für die Tschechen, daß
heute ihr weltberühmter Dichter, den man neben Tagore
stellt, Brezina heißt!) – Heute denkt kein Mensch mehr an
solchen „Ulk". Die Tschechen haben es verstanden, sich
Respekt zu verschaffen. Zähe politische und kulturelle
Arbeit, mehr als hundert Jahre lang, sie hat freilich wenig
genützt, man hat immer noch in Wien über sie gelacht (und
auch unter den Tschechen selbst gab es genug solcher, denen
das Tschechische „nicht nobel genug" war, – perfekte
Seitenstücke des „jüdischen Antisemitismus"). Dann aber
kam der Frieden von St. Germain, der selbständige Staat, –
die Wiener petitionierten um tschechische Kohlen. Ist
ihnen plötzlich das Lachen vergangen? Resultat: Lächer-
lichkeit oder Nicht-Lächerlichkeit eines Volkes sind in
gewissem Grade auch Funktionen seiner Macht (nebst
anderen Faktoren). – Warum schäme ich mich, Jude zu sein?
Vielleicht hat das äußere, sehr äußere Gründe, und wir müssen zunächst gar nicht ins Innere bohren. Wir sind die uni-
verselle Minorität, Verkörperung der Ohnmacht. Überall
sind die anderen „mehr". Sie brauchen nicht „besser" zu
sein, um uns straflos, bedenkenlos zu verachten. Diaspora-
menschen werden überall ausgelacht, der „Böhm" in Wien,
der gute elsässische Bursch in jeder Pariser Revue. – Das
Besondere an uns Juden ist, daß wir, dem Gerechtigkeits-
und Harmoniewahn verfallen, ernsthaft nachdenken: Es
muß doch was Wahres dran sein. Diesem Wahn gegenüber,
den er sonst so stürmisch bekämpft, hat auch Kuh einmal
sein schwaches Stündlein.

3. „Das des Eros verlustige Volk der Juden."

Ich schäme mich also nicht. Ich habe dieses Gefühl nie gekannt, kann es mir nur schwer vorstellen. Ich finde auch nicht (wie Kuh) den jüdischen Typus häßlich. Im Gegenteil: neben dem Juden erscheint mir unter Umständen ein gewisser Typus des Ariergesichts wie unfertig, embryonal, grünlich, nicht völlig ausgetragen. – Auch der hohe Kurs, den jüdische Frauenschönheit unter Nichtjuden hat, sollte Kuh zu denken geben. Mit Betrübnis bemerke ich immer wieder, wie man fremderseits die schönsten Jüdinnen wegheiratet, ehe einer von uns es sich überlegt. Ich kenne viele Arier (Bürokollegen), deren sehnlichster Wunsch es ist, nur einmal, einmal im Leben mit einer Jüdin zu schlafen. Und für den Triumphzug des Titus konnten (nach Josephus) 700 jüdische Gefangene von „auserlesener Schönheit" (für verwöhnte Römeraugen) bereitgestellt werden.

Der Kernpunkt des Kuhschen Buches: Er will die Mißbeschaffenheit der jüdischen Erotik feststellen. – Das ist der wertvolle Originalgedanke. Denn von seinen Tiraden gegen den jüdischen Intellektualismus, gegen die jüdische Unnaivität halte ich wenig. Das pfeifen ja heute schon die Spatzen von allen zionistischen Dächern. Es gibt so noch einige Entdeckungen, die Kuh nur seiner glücklichen Unbelesenheit zu danken hat. Wenn er später einmal, gelegentlich einen Blick in Bubers Schriften tun sollte, so wird er staunen, wieviel an Kritik des heutigen Judentypus ihm vorweggeschrieben worden ist und heute sogar schon als Pensum der Aufnahmeprüfung in einen halbwegs ernsteren zionistischen Studentenverein verlangt wird. Kuh aber, der sonst so Gebildete, hat sich scheinbar sehr ängstlich gehütet, zionistische Autoren zu lesen. Am Ende hätte er entdecken können, daß er selbst

Zionist ist. Er ließ es daher bei der Lektüre von Beda bewenden, von dem er sich allerdings merklich unterscheidet.

Das Bedeutende seines Buches aber bleibt neben allen Mängeln bestehen. Kuh packt das jüdische Problem neu an, er dringt mit Waffen von Otto Groß und Siegmund Freud ins jüdische Schlafzimmer, – und das war schon sehr nötig. Denn man hat sich bis heute allzu lang bei der „Bibliothek des jungen Juden" aufgehalten. Die Kritik der jüdischen Ehe, die Kuh geschrieben hat, war eine dringende Notwendigkeit. Selbst wenn man weder Prämisse noch Konsequenzen von ihm annimmt: diese Frage in das Zentrum des ganzen Judenproblems gestellt zu haben, ist ein Verdienst Anton Kuhs. – (Nebenbei bemerkt: auch ich habe in meinem Bekenntnisbuche „Heidentum, Christentum, Judentum" unabhängig von Kuh und auch in völlig anderem, entgegengesetzten Sinne das „Diesseitswunder" der „Liebe", verkörpert durch das „Hohe Lied", als Mittelpunktsphänomen des Judentums gedeutet.)

Kuhs Ideal ist die gewaltlose Liebe ohne Scham und Verstellung. Das Gegenteil davon stellt die Ehe dar, sie ist: Unterjochung der Frau durch Besitzgier des Mannes. – Hier stutze ich schon, und all die Darstellungen von Schopenhauer bis Blüher fallen mir ein, nach denen die Ehe viel mehr weiblichen als männlichen Instinkten entspricht, also Besitzergreifung des schweifenden Mannes durch die mütterlich-seßhafte, von Natur aus zur „Treue" geneigte Frau bedeutet. Schon an dieser, mir sehr glaubhaften Konstruktion zerschellt Kuhs ganzer Aufbau. – Er leitet dann noch (mit Groß) alle staatliche Macht und Polizei aus Ehetyrannis ab, – wobei wiederum unklar bleibt, wie eine sehr „freie" Auffassung von Liebe z. B. im Renaissancemenschen, bei Liliencron u. a. mit allerschärfstem Militarismus und Imperialismus sich vereinigen konnte. – Schließlich gibt Kuh (aus Eigenem) hinzu, daß die Juden das Ehe-Volk kat'exochen sind. Beweise: die heutige Struktur des jüdischen Familien-Beieinanderklebens, wozu Kuh Treffliches und sehr Aufregendes bemerkt. Zweitens: der jüdische Vater-Gott, den er sehr zu Unrecht bemüht, denn ebensogut hätte er sich auch an „Zeuspater" oder an die totemistischen Vater-Religionen aller primitiven Völker erinnern können.

Resumée: Die Juden verkümmern ihre freie Natürlichkeit in Ehezwang und Familienkleinkreis. Daraus entsteht alles Böse. Unter anderem auch der heute stets unter Beifallsjubel des ganzen Hauses (namentlich aller Rationalisten daselbst) angegriffene Rationalismus der Juden. – An anderer Stelle reklamiert Kuh für die Juden das „Wächteramt, daß das geschehe, was gemeint sei und der Gott im Menschen nicht zu kurz komme – hier ist der ursprüngliche wahre Kern ihres Seins. Ihm brauchten sie bloß treu zu sein, um sich zu erfüllen". Aber bravo, mein lieber Anton! Nun kommt's also doch heraus! Und haben Sie sich nie gefragt, ob ein solches „Wächteramt" ohne „Wachheit des Intellekts" verwaltet werden kann? – Auf diesem Wege wären Sie vielleicht noch tiefer, bis auf den Grund der jüdischen Tragik gelangt, die nur ein verschärfter Fall der allmenschlichen Gnadenbedürftigkeit ist. Denn wo Logos und Eros zu gleicher Zeit sich ungestüm anmelden, dort ist die Stelle, an der Gott allein helfen kann.

4. Anton Kuh, der Nietzsche-Liberale.

Ich habe nun eigentlich, polemisch befangen, die Vorzüge des kleinen, aber reichen Buches nicht genügend erwähnt.

Hauptvorzug: Die Ablehnung aller jüdischen Ausflüchte, Abstrafung aller Assimilation, mag sie unter bürgerlich-humanistischen oder unter sozialistischen Fahnen desertieren.

Und doch eine liberale Plattitüde zum Schluß?

Die Stelle mit dem „Wächteramt" signalisiert sie. Wir haben unter „Sendungen" und „Missionen des Judentums" schon genugsam gelitten. Kuh bekämpft alle, die vor ihm ausspintisiert worden sind, um zum Schluß eine neue Fleißaufgabe zu geben: – die wäre, die Deutschen zu hassen. Nicht erschrecken, bitte! Es ist nicht so bös gemeint. Es geschieht ja nur zu ihrem eigenen Nutzen. Die Deutschen sind nämlich genauso erotisch verpatzt wie wir Juden. Nur wissen wir es, sie wissen es noch nicht. Wir sind schon auf der Suche nach „Freude am Menschsein", sie noch nicht. Deshalb ist es unsere Aufgabe, uns selbst, aber auch die andern zu gewaltloser Sexualität zu revolutionieren, im Einklang mit den besten Typen sowohl unseres Volkes als der Deutschen.

Ein Deutscher besonders war es, der die Unnaivität der Deutschen richtig gesehen und die Deutschen dementsprechend gehaßt hat: Nietzsche.

Es ist also (gleichsam) Aufgabe der Juden: unter den Deutschen Nietzsche zu propagieren.

Die eben ablaufende Periode hat Judentum mit Kant-Propaganda identifiziert. – Kuh bringt demnach immerhin eine neue Nüance des Liberalismus.

191

Liberalismus (im Sinne einer jüdischen Sektierung) liegt nämlich immer dort vor, wo eine Ideologie mit der Wirklichkeit des Judentums verwechselt wird. Liberale These lautet stets: Das Judentum ist von allen andern Völkern so fundamental verschieden, daß es weder ein Land, noch eine politische Autonomie noch überhaupt Machtmittel und Ausdrucksformen des Diesseits, natürliche Lebensbedingungen braucht. Das Judentum wird konstituiert ausschließlich durch … Diese Punktreihe wird je nach dem Jahrhundert verschieden ausgefüllt. Philo von Alexandrien versuchte es mit griechischen Philosophemen, Mendelssohn mit Kant, Cohen mit Neu-Kant. Bei Kuh lautet die Rubrik: „Die von Nietzsche und Krapotkin geschaute Urgemeinschaft der Starken."

Wie klein und wie groß zugleich ist doch der Abstand zwischen Liberalen und Jüdischnationalen! Die Liberalen sagen: Das Judentum ist von den Völkern so fundamental verschieden … Wir sagen dagegen: es ist von den Völkern fundamental verschieden, aber so verschieden denn noch nicht, daß wir auf Fleisch und Bein, Sprache und Territorium verzichten könnten. – Die meisten unter uns glauben an einen geistigen Sinn des Judentums, eine ideale Aufgabe, jedoch gleichzeitig daran, daß diese Aufgabe ohne körperliches Gerinnen um einen irdischen Zentralpunkt herum nicht erfüllbar bleibt. – Diese Nüance ist es, die den ganzen Streit verursacht: Liberalismus = nackte Ideologie. Zionismus = Idee plus Wirklichkeit, wobei wieder alle möglichen Unternüancen möglich sind, bis zu unserem rechten Flügel hin, der die Idee ganz hinausschmeißen und nur mit „Sprache und Land" arbeiten möchte, … wenn nicht gerade die Wirklichkeit jüdischen Seins diese angebliche „Nur-Wirklichkeit" immer wieder durchkreuzte.

Je mehr nun der Liberalismus die Idee mit einem Wirklichkeitskleid auszustaffieren beginnt, desto mehr muß er sich zwangsläufig dem Zionismus nähern. (Darauf beruht die Überlegenheit unserer Position!) – In dieser Hinsicht stellt freilich Kuhs Broschüre einen absonderlichen, den äußersten Grenzfall dar. Indem bei ihm „Wirklichkeit" nicht Kleid der Idee, sondern geradezu die Idee des Judentums selbst sein will! Und hier steht er eigentlich ganz nah bei dem, was Buber unter „Realisierung" meint, was ich von anderen Blickpunkten her als „Diesseits-Wunder" beschreibe. (Erfreulicherweise sind ja all diese Definitionen nur begriffliche Zerziehungen desselben rassenhaften Urerlebnisses!) Wenn Kuh nun zum Schluß doch in eine fade „Sendung" mündet, so ist es das Besondere, daß es „die Sendung der Wirklichkeit" ist, die er meint. „Und wenn ihr fragt, welcher Wirklichkeit jener Kampf … die Pforten öffnet, so entgegne ich: der Gemeinschaft." – Leider läßt er diese „Gemeinschaft", die er noch „der Völklichkeit bestes Teil" nennt, ohne jegliche Kontur. Hier aber stößt er ganz hart an den Zionismus. Jetzt muß er doch sofort fragen: Wie forme ich diese Gemeinschaft? Wie rette ich sie vor Pogromauszehrung, vor Entartung jeder Art, Degeneration, Übertritt u. a.? Muß ich sie nicht (oder wenigstens einen Teil von ihr) territorial konzentrieren? Muß ich sie nicht in der Diaspora durch jüdischnationale Politik gestalten? Muß ich, wenn ich ihren Inhalt neu will, nicht auch eine neue äußere Form für sie wollen? Wobei ja über die Form selbst Streit entstehen kann, aber nicht darüber, daß es jüdischnationale Form sein muß. Und wenn ich nun gar diesen Inhalt als „Wirklichkeitssehnsucht", nicht als eine der lau ubiquitären Moralen agnosziere, muß ich da nicht erst recht ein Zentrum dieser Wirklichkeit „wirklich" und nicht bloß als „Sendung" wollen?

Ist „Sendung der Wirklichkeit" nicht ein wenig aus Palmströms Terminologie, auch an „hölzernes Eisen" erinnernd? Kann überhaupt „Wirklichkeit" vormissioniert, kann sie anders als vorgelebt werden – im eigenen Material des eigenen Volkes, im homogenen Aufbau einer gleichsam zellular, von innen her neuen Gemeinschaft, und nicht immer wieder an den vielen Fronten und peripheren Berührungsflächen, die immer wieder zu Ostentation und falscher Gangart verleiten werden? Und wenn nebstdem die Peripherie, die Diaspora bleibt, – oder auch nur sie allein – kann sie anders als jüdisch-national bleiben? Hic Juda, hic salta – lieber Anton Kuh!

Eine Wirklichkeit, die Sendung bleibt, – das kann Ihr letztes Wort nicht sein, Anton Kuh. Dieser Widerspruch in sich selbst kann auf Seite 107 eines Buches stehen, das zufällig nicht viel mehr Seiten weiter geht. Aber Nietzsche wird es schon mit Ihnen ausmachen, wenn Sie ihn liberal vergespenstern wollen. Er wird es nicht dulden. In ihrem eigenen Kopf wird er gegen Sie frondieren. Nietzsche eignet sich nicht zu dogmatischer Ausschlachtung, selbst als „Wirklichkeits-Dogma" gibt er keine Ruh.

Ihre Freunde aber (ich meine jene, denen Sie als rabiater Schimpfer auf die Assimilation schon unbequem zu werden begannen) werden, wenigstens vorläufig noch, Ihr Buch beruhigt aufatmend weglegen: „Gott sei Dank, Zionisten brauchen wir noch nicht zu werden! Wir revolutionieren uns lieber in der Weise, daß wir bleiben, was wir sind, – die jüdischen Nietzsche-Liberalen."

Max Dienemann

Anton Kuh: Juden und Deutsche
(*Allgemeine Zeitung des Judentums* 85, Nr. 21,
14. Oktober 1921, S.245f.)

Ein merkwürdiges und seltsames Buch. Mitunter möchte
man fragen, ob eigentlich der Verfasser selbst seine Worte
verstanden hat, denn durch Einfachheit und Durchsichtig-
keit des Stils zeichnet sich das Buch nicht aus. Das hat es
allerdings mit einer bestimmten Richtung der Moderne
gemein, aber man weiß nicht immer, ob das Chaotische und
Undurchsichtige der Wertgestaltung aus der nicht zu bändi-
genden Fülle der inneren Schau emporwächst. Es ist jedenfalls kein Vorzug eines Buches, wenn man auf Schritt und
Tritt nachdenken muß, nicht etwa um das Gelesene weiter
zu tragen, weil man in ihm Spiegel des Lebens fand, sondern
nachdenken muß, „was hat der Verfasser eigentlich gesagt?"
Tenor des Ganzen scheint folgendes zu sein. Die Tragik, die
auf der Existenz des Juden liegt, stammt im tiefsten und
letzten daher, daß sein Liebesleben nicht naiv und hinge-
bend genug sei, er habe die freie Beziehung der Geschlechter
zueinander in ein Gewaltverhältnis des Mannes gegenüber
dem Weibe herabgewürdigt, in einen Besitz, und so seien sie
die Schöpfer der Ehe als eines Knechtungsinstituts geworden. „Ihre Erotik verhält sich zur Leidenschaft wie Reden
zum Zeugen." Und daraus resultiere eine in den
Geschlechtern fortwirkende Unnaivität, ein Familien-

hocken, das zur seelischen Inzucht wird, Selbsthaß, und in seiner Fortwirkung Haß der anderen gegen ihn. Gar nicht zu reden von der Analogie mit der Erbsünde. Aber was soll das alles bedeuten? Seit wann sind die Juden Schöpfer der Ehe? Hat es sie vor ihnen nicht gegeben? Und was soll nun werden? Soll man die freie Liebe einführen, damit das innere Sein der Juden besser wird? Hätte sie von Anfang an sein sollen? Das Buch heißt Juden und Deutsche, denn es will den Nachweis führen, daß die Deutschen demselben Schicksal unterliegen wie die Juden, in der Unnaivität des Geschlechtslebens wie in dem Selbsthaß und dem Hingestelltsein der anderen auf sie, nur daß bei dem Deutschen wegen der Jugend seines Volkstums und seiner Kultur alles primitiver sei als bei den älteren und darum bewußteren Juden. Gerade die Ähnlichkeit des Geistes aber erzeuge, wie so oft, Abneigung zwischen den Gleichgesinnten, weil man die Wirkung der Fehler zu gut kenne.

Neben dem vielen Fragwürdigen, von einem, der einfach empfindet, gar nicht Nachzufühlendes, ist mancherlei gut Beobachtetes; einiges sei angeführt. Gut ist, was über die Ostjuden gesagt ist, wie töricht jene modegewordene Verhimmelung der Ostjuden ist, die in ihnen den Urjuden sehen will, und es ist durchaus treffend gesagt, daß sie zum Vorbild erheben heiße: „das Mittelalter zurückwünschen als Heilung der Neuzeit". Vorzüglich ist folgendes gesagt: „Man sage nicht, daß ihr Talmudatavismus sie in den Advokatenberuf dränge. Es ist vielmehr die historische Gewohnheit, sich der fremden, ihnen im letzten Ende feindlichen Sache als der eigenen anzunehmen." Treffend ist ferner die Charakterisierung eines gewissen Zionismus als Imitationsnationalismus und schön die Sehnsucht nach „der ganz neuen, auf Erden noch nicht geschauten Heimat, die nicht

Scholle, Strauch und Hügel ist, sondern die Landschafts-projektion druck- und lügenfreier Menschenliebe". – Druck, Papier und Ausstattung sind vorzüglich.

Johannes Urzidil

Juden und Deutsche
(*Prager Tagblatt* Nr. 272, 20. November 1921,
Unterhaltungsbeilage)

Als „eine Kette falscher Anwaltschaften" bezeichnet
Anton Kuh das Schicksal der Juden in Europa, als eine Kette
falscher Anwaltschaften könnte vielleicht auch die
Geschichte des deutschen Geistes bezeichnet werden. Wenn
Kuh schlechthin vom Juden überhaupt spricht, so meint er
damit doch wohl nicht das Volk im allgemeinen, er meint
den jüdischen Geist, der aufgezüchtet in wenigen Exempla-
ren der jüdischen Rasse, das Kulturleben ganz Europas ständig beeinflußt. Die Gewohnheit, den Begriff des als seltene
Gartenpflanze gehegten jüdischen Geistes unvermerkt über
die Rasse als Ganzes und somit auch über den jüdischen
Ungeist auszudehnen hat sich bei jüdischen Theoretikern in
der letzten Zeit merkwürdig unausrottbar eingebürgert.
Dies geht, wie wir hoffen wollen, aus einer zu abstrakten
Anschauungsform des Begriffes „Volk" hervor, die übrigens
der Jude in außerordentlichem Maße eben mitdem
Deutschen gemeinsam hat – der fälschlicherweise (wie auch
Kuh hervorhebt) in Goethe etwa oder Kant den Typus des
Deutschtums erblickt, während sich ja der eigentliche
Deutsche von heute g e g e n diesen Typus entwickelt. Zu
Goethe oder Kant müßten die Deutschen erst geboren wer-
den, ebenso wie die Juden zu Rabbi Israel ben Elieser oder

zu Buber. Der Deutsche, so erkennt Kuh, sieht in Goethe nicht den Dichter im Bürger, sondern den Bürger im Dichter. Aber auch der Durchschnittsjude von heute entwickelt sich entgegen den Idealen der jüdischen Denker und Erwecker. Er sieht in ihm nicht das Genie des Juden, sondern nur den Juden in dem außerordentlichen Vorfall der Begnadung. Nicht die Erscheinung des Dichters, des Genies nimmt sich der Durchschnittsmensch zum Vorbild, sondern die des Bürgers des Rassenideales, das er durch das Vorhandensein der göttlichen Begnadung eben noch als besonders legitimiert empfindet. Vergleichen wir, wie das Verhältnis der höchsten geistigen Vorfälle bei den einzelnen Völkern zu den Völkern selbst aussieht, so werden wir finden, daß eben die Deutschen und Juden in dieser Hinsicht miteinander starke Analogien aufweisen, die zu den übrigen Nationen im Gegensatz stehen. Bei den romanischen und slawischen Völkern Europas sind die großen Männer des Geistes auch gleichzeitig die vollendetesten Typen ihrer Nation, sie werden von der ganzen Entwicklung der Nation getragen, deren Vorherrscher sie sind. Nur die großen Geister Deutschlands standen und stehen mit wenigen Ausnahmen entweder abseits oder befinden sich geradezu in einer entschiedenen Kampfposition gegen die Entwicklungsrichtung der deutschen Massen. Der Wille des deutschen Geistes ist immer übernational gewesen, während der Wille der großen Köpfe der anderen Nationen spezifisch national war. Die Art des Fichteschen Nationalismus oder noch eher Herder bilden klassische Beispiele dafür. Fremde Nationen, besonders die Slawen, haben sich Herder viel intensiver zu eigen gemacht als die Deutschen. Wäre der Nationalismus Fichtes von der Art der übrigen Nationalismen gewesen, dann hätte der Haß der Nationen gegen ihn nicht von derartiger Gründlichkeit sein können. Weil aber eben Fichte unter dem Worte deutsch mehr verstand als die Verherrlichung der blondbärtigen Kalokagathie und dadurch den enger gezogenen Nationalismus der anderen Nationen (die Fichte ebensowenig verstanden haben wie die Deutschen) tangierte, verfiel er dem Haß. Demselben Haß, dem der übernationale Nietzsche verfiel, den man ententescherseits als Anstifter des Weltkrieges bezeichnete, weil er eine Philosophie der Kraft predigte, die allerdings wiederum weder von den Deutschen noch von den übrigen Nationen verstanden und als eine Philosophie des deutschspezialisierten Übermenschentums gedeutet wurde. Sowohl Fichte als Nietzsche stehen im Gegensatz zu ihrer Nation, ebenso wie die Propheten in krassem Gegensatz zu den Juden standen. Damit sind wir bei dem angelangt, was Kuh eine „Kette falscher Anwaltschaften" nennt. Sowohl die Deutschen wie auch die Juden, d.h. die führenden Geister unter ihnen, haben „sich immer mehr um das Schicksal der übrigen Welt, als um das ihrer Nation bekümmert. Die Deutschen wurden die Orakeldeuter unter den Völkern, zehrten sich für sie in metaphysisch abstrakten Bemühungen auf. Europa lebte – Germania dachte." Der Juden Bestimmung war von Anfang her ein Volk von Priestern zu sein, und sie sind in ihren höchsten Persönlichkeiten, deren Kulmination Christus ist, dieser Bestimmung auch gerecht geworden. Aller jüdische Nationalismus, der seine europäische Grundkonstruktion nur mühsam mit östlichen Lappen maskiert, ist dieser Bestimmung ebenso entgegengesetzt wie der deutsche Nationalismus dem deutschen Geiste entgegengesetzt ist, wenn er ihn zu einer speziell deutschen Angelegenheit machen will. Universalismus, Geist an sich, ist ein Charakteristikum des deutschen Geistes. Darum ist das Deutschtum als solches immer nur höchstens mit einem Teil dieses Geistes identisch. Wenn es ihn aber vollends für sich beansprucht, gerät es zu ihm notwendig in einen Gegensatz, den wir leider vielfach in der Gegenwart miterleben können und der ebensosehr zum Schaden des Geistes wie des Volkes von böswilligen Gegnern gegen beide ausgenützt wird. Eine Kette falscher Anwaltschaften? Wohl, wenn wir es von dem Standpunkt der übrigen Nationen nehmen wollen, oder wenn wir äußeres Mißgeschick als die größte Belastung des völkischen Wesens ansehen. Von einer höheren Plattform aus aber sind eben diese „falschen Anwaltschaften" das, was sowohl dem jüdischen wie auch dem deutschen Geist eine Stellung über der Denkungsart anderer Völker einräumt. Der Deutsche wird von den Nationen Europas (und nicht bloß Europas) heute etwa ebenso behandelt, wie der Jude von den Konfessionen Europas (Deutschlands mit inbegriffen) behandelt wurde und wird. Jeder andersnationale Klüngel glaubt das Recht zu haben, den Deutschen anzuspielen, seine großen geistigen Schöpfungen für die gesamte Welt als nicht existent hinzustellen, ja es gibt Völker mit bedeutenden historischen Kulturen, die das deutsche Volk am liebsten in ein von Kaffern bewachtes Ghetto sperren und jeden Boche mit einem Fleck am Ärmel vogelfrei erklären möchten. Kaffern freilich sind auch Menschen, allerdings nur solange sie nicht in die Dienste des europäischen zivilisierten Völkerhasses eingesklavt werden. Das mit dem Ghetto kann man übrigens auch von slawischer Seite belegen. Der Tscheche Hanuš Kuffner z. B. hat vor 2½ Jahren eine Broschüre herausgegeben, in der ernstlich davon die Rede war, das deutsche Volk in eine sogenannte „deutsche Separation" zusammenzudrängen, die östlich vom Rhein und nördlich der oberen Donau gelegen sein sollte.

Also: das allgemeine Schicksal der Deutschen hat heute auch äußerlich sehr viel Ähnlichkeit mit dem Schicksal der Juden.

Lesen wir Kuh's Buch, so wird uns wie mit einem Schlage eine ganze Reihe von Erscheinungen klar, die sonst nur in seltenen Fällen aus dem Unterbewußtsein hervortraten. Schopenhauers Abneigung gegen die Juden läuft neben einer ähnlichen Abneigung gegen die Deutschen her. Auch das Gehaben der Juden hatte übrigens in ihrer „besseren" Zeit (vide Buch Josua) sehr viel Ähnlichkeit mit dem Gehaben der Preußen, die ja bedauerlicherweise heute überall als Urtypus des Deutschtums betrachtet werden, obgleich sie nur vermöge ihrer rein organisatorischen Überlegenheit das geistigere Süddeutschland zu überwinden und in Stechschritt zu zwängen im Stande waren. Daß aber die Analogien zwischen Juden und Deutschen bis in die einzelne Persönlichkeit gehen, kann uns aus Nietzsche deutlich werden, der, wie aus einem Briefe an Overbeck hervorgeht, vor Freude aufhüpfen möchte, weil ihn die Kellner der Turiner Gastwirtschaften für keinen Deutschen halten. Wer – so fragt Kuh nicht mit Unrecht – wer wäre da noch anders an seiner Stelle denkbar als ein Jude?

Zwei ganz hervorragende Aufhellungen über das Verhältnis von Deutschtum und Judentum können in Kuh's Buch aus jenen Stellen herausgelesen werden, die von dem ähnlichen Familiensinn der beiden Völker und von der gleichartigen polaren Schichtung, von Rentner- und Revolutionsgeist handeln. Der Familiensinn präsentiert sich als eine durch übermäßige Bewußtheit und sexuelle Verlegenheit entstandene Verdrängung persönlich erotischer Momente in sozialgesetzliche Zufälligkeiten. Zwischen dem „Witzblattbild", worauf ein deutscher Bürger sein Ehegemahl mit der

Anrede in die Arme schließt: „So laß uns denn alle Anstalten treffen, auf daß vereinte Sinnenlust uns einen Sprossen beschere", und der jüdischen Sexualität, wie sie sich z. B. in der noch heute geübten Art der orthodoxen Eheschließungen manifestiert, ist kein wesentlicher, sondern höchstens ein gradueller Unterschied. Nicht Liebe, sondern höchstens eine Frau besitzen, einem Mann gehören. Noch tiefer greift das, was Kuh als „polare Schichtung von Rentner- und Revolutionsgeist" in beiden Lagern als ähnlich erkennt. „Dem stärksten Beharrungs- und Bewahrungsbestreben entsprach auf beiden Seiten von jeher der unbedingte Protestgeist. Die Heimat Bismarcks, Treitschkes, Wilhelms, Hindenburgs, Thomas Manns und August Piesekes mußte auch Nietzsches, Wedekinds, Büchners und Liebknechts Heimat sein. Das Volk des Moses und des Wunderrabbi von Sadagora mußte auch Marx, Spinoza und Rosa Luxemburg hervorbringen." (Diese Listen ließen sich noch erfolgreich verlängern.) „Die königlich preußische Amtsvorladung an den größten deutschen Dramatiker wegen ‚Verbreitung unzüchtiger Schriften' war desselben Geistes, wie das rabbinisch-niederländische Interdikt über den größten jüdischen Denker; der furchtbar peitschenden Schmach aber, die seinem Vorgänger Acosta widerfuhr – vor den Verachteten knien zu müssen –, ist vielleicht nichts besser vergleichbar, als der deutsche Kriegsbrauch, Männer, durch deren Brillen ein Besserwissen sah, zur Reinigung des Schuhwerks heranzuziehen."

Die Ursachen des Deutschenhasses in Europa definiert Kuh als eine andere Art des Antisemitismus. Das Deutschtum wäre somit nichts anderes als Judentum in einer anderen Ebene. Diese Diagnose auch aus weitreichenden Symptomen abzuleiten ist kühn und kann kaum ohne

Widerspruch von beiden Lagern bleiben. Monarchistische Gesinnung ist noch nicht Monotheismus und die Stellung Kaiser Wilhelms kann keinesfalls mit der Gott Vaters verglichen werden. Sicher aber ist, daß die Zusammenklänge zwischen Deutschtum und Judentum tiefer liegen, als auf den ersten Blick scheinen mag, daß der gerade bei den Deutschen so ausgeprägte Judenhaß, der sich in Hakenkreuzwesen Luft macht, neben vielen anderen auch den Rückschluß auf die unerträgliche Ahnung verkappter innerer Wesensähnlichkeiten glaubhaft macht. Die bei den Juden immer wieder auftauchende Frage „Was ist und was ist nicht jüdisch?" kehrt in ihrer Schärfe nur bei dem Deutschen wieder, der sich ständig fragt „was ist und was ist nicht deutsch?", eine Frage, die etwa einem Franzosen, dem der Begriff Frankreich klar umrissen vorliegt, in dieser Form nicht denkbar wäre.

Eines der auffallendsten Symptome freilich bleibt, daß der deutsche Geist heute großenteils von Männern jüdischen Geblüts repräsentiert wird. Ziehen wir noch in Betracht, daß in Rußland die Juden zwar nicht unmittelbar den Geist, aber die Organisation mehr oder weniger an sich gerissen haben, so erhalten wir abermals die bekannte Analogie Judentum – Preußentum, aus der in diesem Falle wieder eine nicht eben unzulässige Analogie Russentum – Deutschtum hervorzugehen scheint. Im Ganzen genommen wissen wir und weiß jeder, daß trotz Weltkrieg und Versailles die Deutschen die Gegenwart und die Russen (bzw. die Slawen) die Zukunft Europas bedeuten; und vielleicht ist somit die Art, wie der jüdische Geist in diesen beiden Nationen Boden findet, nichts anderes als die Art, wie der Osten sich Europa bemächtigt. Andere freilich definieren es als eine Erscheinung nationaler Niedergangsepochen.

Abbildungsnachweis

1 Anton Kuh: Archiv des Löcker Verlags Wien
2 Otto Gross: Otto Gross Archiv, London/Internationale Otto Gross Gesellschaft
3 Karikatur Anton Kuh: Archiv des Löcker Verlags Wien, Abbildung aus Békessy's Panoptikum, Nr. 1 5, April-Mai 1928
4 Max Brod: Österreichische Nationalbibliothek Wien, Portraitsammlung, Bildarchiv
5 Cover „Juden und Deutsche": Originalcover von John Heartfield für die Ausgabe im Erich Reiß Verlag, Berlin, o. J. [1921]